シリーズ近江文庫
Ohmi Library

「びわ湖検定」でよみがえる

滋賀県っておもしろい

児玉征志
kodama seiji

膳所城跡公園

新評論

はじめに

私は、今までレポートやエッセイの類《たぐい》を書いたことがない。長い文章を書くことがあまり得意ではないと思っているし、今回の作品についても思うように筆が進まず、何度か挫折しそうになった。

そんな私が、なぜ、懸賞作品に応募してみようなどと思ったのか。直接的には、転勤で大津を離れることが決まったあとに、本屋で懸賞作品の募集を知らせるパンフレットを見たためであるが、そのとき、大げさに言えば運命的なものを感じた。まるで「応募しなさい」とでも言うように、パンフレットが私の目に飛び込んできたのだ。それまでの私であれば、自分とは関係ないものとしてそれを手には取らなかったと思う。しかし、このときは、何となく気になってそのパンフレットをカバンに入れてしまった。

私は、二〇〇八年八月から二〇一〇年三月までの一年八か月間、勤めている会社の大津支店に単身赴任していた。初めは滋賀県について何一つ知らなかったが、『びわ湖検定公式問題解説集』（サンライズ出版）を読み出したのがきっかけで、近江の歴史や文化に興味をもつようになった。そして、いろいろな所へ出掛けたり、関係する本を読んだりしているうちに、その興味はますます増していった。気が付いてみると、自分の経験や本で読んだことを交えながら、滋賀県について少しは話ができるようになっていた。

大津支店に勤務するまで、滋賀県については、琵琶湖があるということぐらいしか知らなかった。新幹線で何度となく通過しているのに、窓から見える風景に興味をもったこともなかった。しかし、滋賀県のことが分かってくるにつれてとてもおもしろいと思うようになった。とくに、歴史については、奈良や京都に匹敵するくらい懐の深さを感じるようになった。大津支店に勤務したおかげで滋賀県を知ることができて、今では本当に幸運だったと思っている。

仕事上の都合でやむなく滋賀県に住むことになった私が、このような気持ちになるまでにどのような経験をしたのかについて、これから述べていきたい。なるべく時間の経過に従って書き進めたいとは思っているが、もともと文章にする気がなく、記録もそれほど取っていなかったので、多少前後してしまうこともあろうかと思う。また、記憶があいまいな部分もかなりあるので、事実と異なるところがあるかもしれない。私の拙い体験談が、これから滋賀県に単身赴任される方にとって多少でも参考になれば望外の喜びである。

初めにお断りしておくことがある。言うまでもなく、私は専門家ではないため、これからお話することはあくまで私の個人的な感想であり、誤解や妄想が含まれていることについてご容赦いただきたい。また、話の都合上、私がお会いした方々にもご登場いただいている。これらの方々との出会いなくしては、私が滋賀県を好きになることはなかったであろう。差し支えない範囲にとどめたつもりであるが、事前の了承をいただいているわけではない。この点についてもお許しをいただきたい。

二〇一〇年の三月、とある会合において「滋賀県（近江）っておもしろい」というテーマで講演を行った。一〇年以上前に一度は参加したものの、それ以来、まったく足が遠のいてしまった会合の主催者から、「何か話をしてみないか」と誘われたのがきっかけだった。どうしようかと少し迷ったが、ちょうど滋賀県で感じたことや考えたことを少しまとめてみたいと思っていたところだったので、結局、引き受けることにした。人前で話すことが苦手な私にとっては、珍しく前向きな対応だったと言える。

講演では、自然、歴史、経済、文化という四つの観点から、滋賀県の特徴的なテーマを説明していった。自然では「日本最大の湖」と「生物多様性」、歴史では「大津京」と「天下統一」、経済では「近江商人」と「ものづくり」、文化では「観音信仰」などをそれぞれ取り上げた。テーマごとに、『びわ湖検定公式問題解説集』および『続・びわ湖検定公式問題解説集』から、関連する記載のあるページを写して示しもした。講演の資料については、ほぼイメージ通りに作成することができたと自負している。

二〇人程度の小さな会合だったのだが、講演自体は思ったよりも受けなかった。テーマそのものは悪くはなかったと思っている。やはり、私の話し方が下手だったのだろう。このときの講演の資料が、今回の作品の基となっている。講演ではうまく話せなかったことを反省して、今回は実際に体験したことを交えながら、できるだけ具体的に書くように努めた。大津に勤務したのが一年八か月という短い期間だったことを考えると、いわば紀行文と言ってもいいのではないかとも思っている。

これが、今回の作品を書くことになった経緯である。先ほども述べたように、これまでこのような文章を書いたことがなかったわけだが、実際に書いてみると意外に楽しかった。近江での単身赴任者の生活ぶりを、読者のみなさんにも楽しんでもらえるとありがたい。

サンライズ出版、2008年

サンライズ出版、2009年

もくじ

第2章　「びわ湖検定」を受験する

第4章　経　済

第5章

歴史——城と神社

「びわ湖検定」でよみがえる――滋賀県っておもしろい

第1章

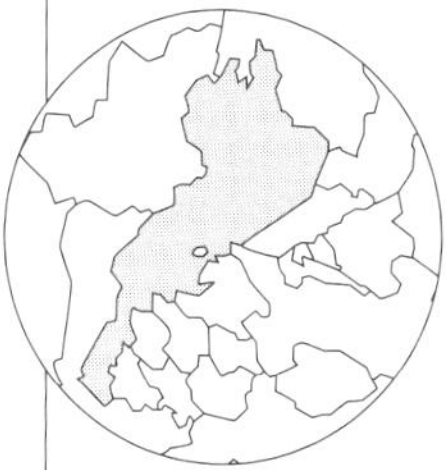

「びわ湖検定」を知る

渡岸寺慈雲閣。十一面観音が安置されている

単身赴任

二〇〇八年八月から二〇一〇年三月までの一年八か月間、勤めている会社の大津支店に単身赴任していたことは前述した。支店は大津市にあったが、支店の管轄地域は滋賀県全域だったので、琵琶湖の周り、すべての地域に出張するという機会に恵まれた。

当初、大津支店のイメージは、正直言ってあまりよいものではなかった。本部の人からは、JR大津駅前の印象として、「県庁所在地の駅前としては、もっともシャビイ（shabby）」と言われていた。実際、着任時に大津駅前に降り立ったとき、「まさに、言われた通りだな」と感じたことを覚えている。単身赴任する最初の勤務地がここなのだと思うと、ほかの県庁所在地や都心の支店に転勤することになった人たちが正直うらやましかった。やっぱり、自分は貧乏くじを引いたのかな……と思った。

県庁所在地の駅前と言っても、サラ金の広告看板ばかりがやたらと目立ってい

2008年当時のＪＲ大津駅前

た。県庁や裁判所がたしかに近くにあるものの、都会的な建物がまったく見当たらない。大型店舗としては、滋賀県が誇るスーパー、平和堂の「アル・プラザ」が駅に隣接しているものの、やはり古い感じがした。ファーストフード店もマクドナルドがあるだけで、ド・トールやスターバックスの類《たぐい》の喫茶店は一軒もない。私の留守宅がある、東京郊外の私鉄の駅前のほうがよほど洒落ている。

お昼ごはんを食べに行く店もかぎられていたし、値段も決して安いとは思えなかった。どうやら、競争が少ないので安くする必要がないのであろう。駅前の蕎麦屋で会社の同僚とお昼をとりながら、「県庁の職員たちはいったいどこで食事をしているのだろう」、「コンビニの弁当ですませているのだろうか」などと話したことを覚えている。東京の都心と比べても仕方がないと思いつつ、「それなりに人はいるのだから、もう少し安い店ができれば流行るのではないか」などと、地元の人からすれば「大きなお世話」と言われるようなことを考えていた。

ということで、支店での勤務は決してよいものとは言えなかったが、単身赴任中に住んでいたマンションは琵琶湖に近く、とてもよい立地であった。赴任当初、琵琶湖畔をウォーキングなどして体調管理に気を付けていたが、そこは単身赴任の辛いところ、徐々に元気がなくなっていった。立ち直りのきっかけがなかなかつかめなかったわけだが、幸い周りの人たちに助けられて少しずつ元気を取り戻していった。

『びわ湖検定公式問題解説集』（以下、『びわ湖検定』）に出合ったのもそのころである。掲載されている問題を通じて、滋賀県のことに興味をもつようになった。ひょっとしたら、ネガティブになっていた私をポジティブな状態にしてくれたのは「びわ湖検定」かもしれない、と今は思っている。

びわ湖検定は、出題される問題があまりマニアックではなく、専門家ではない私でも気軽に取りかかることができた。毎朝、『びわ湖検定』を二問ぐらい読んでいたが、結構おもしろく、退屈することがなかった。意外と知られていないことが多く（私だけかもしれないが）、話のネタとしても使うことが十分にできた。『びわ湖検定』に出てくる人物や場所に関心をもつようになり、出張の際に時間があれば近くの名所旧跡に立ち寄るようにまでなった。しかし、それだけでは時間がとても足りないので、それからというもの、休日にもいろいろな場所へ出掛けるようになってしまった。

仕事で会った人に、自分が知った知識や訪れた名所旧跡のことを話すと、それほど詳しくもない説明なのに、「滋賀県についてよく知っているなー」と言われ嬉しかった。元気がなかったころとは別人のように活動的になり、仕事の日も休みの日も、毎日が忙しくなった。「ここは、かつて誰々が何々を……」という場所に事欠かないぐらい、滋賀県は歴史の宝庫である。知識が増えるほど妄想がひどくなり、霊気すら感じるまでになってしまった。

滋賀県は、京都からの東海道・東山道が通り、北陸へつながる道としても古くからの交通の要衝である。歴史にも頻繁に登場し、ＮＨＫの大河ドラマの舞台となることも多い。天智天皇（六二六～六七一・三八代）の大津京、織田信長（一五三四～一五八二）の安土城、いずれも短命に終わっているが歴史に深くその名を残している。これらにまつわる出来事が琵琶湖の周りで起きたのは、もちろん偶然ではない。瀬戸内海と同様、水運において琵琶湖が果たした役割が大きかったのだ。その重要性は、古代から現在に至るまで変わっていない。

文化的に滋賀県は、渡来人の影響を大きく受けている。伝教大師（最澄・七六七～八二二）が渡来人の子孫であることは知らなかった。伝教大師が開かれた比叡山へは、京都からだけでなく大津からも登ることができる。渡岸寺《どうがんじ》の十一面観音を造った泰澄《たいちょう》（六八二？～七六七）も渡来人の子孫であったのだろうか。

朝鮮半島からは、敦賀を経て琵琶湖を通って京都に行くのが最短となる。その船は湖北にも辿りついたことだろう。木之本の奥の己高山《こだかみやま》（九二三メートル）に、かつて比叡山を凌ぐ僧院があったという事実には壮大なロマンを感じてしまう。

琵琶湖を中心とする自然、立地に恵まれたこともあって多くの製造業が立地する経済、大津京や戦国時代の舞台となった歴史、渡岸寺の十一面観音に代表される文化、どれを取ってみても滋賀県で仕事をしなければ現在の私の知識はない。大津支店に勤務した最初の一年間は単身赴任を楽しむことができなかっただけに、あと半年、大津での勤務が続けばもう少しいろいろなことを知ることができたのではないかと残念に思っている。

とはいえ、子どもがまだ小さいということもあって、週末には東京の自宅へ帰ることも多かった。交通の面では、大津は思っていたよりも便利な所だった。東京から京都までは新幹線で二時間余りであり、京都から大津までは在来線で一〇分である。初めは回数券を使っていたが、同じく単身赴任の経験がある同僚からＪＲ西日本の「エクスプレス予約」のことを教えてもらった。予約が簡単で、ポイントをためるとグリーン車にも乗れるのでありがたかった。

この先、また単身赴任になったとしても、大津にいたときのようにうまくいくかどうかは分からない。言うまでもなく、場所によって環境が異なるし、そのときの家族や仕事の状況にも影響される。ただ、今回の大津での単身赴任が貴重な経験になったことだけはまちがいない。家族が一緒に暮らせることに越したことはないが、別々に暮らしていてもお互いを思いやることはできるし、単身赴任中の楽しみを見つける術《すべ》も知ることができた。

以下では、こんな私の滋賀での生活を具体的に綴っていくことにする。

琵琶湖花火大会

引っ越しの片づけが大変だろうと、家内が子ども二人を連れて手伝いに来てくれた。片づけが終わったあと、八月八日にある琵琶湖花火大会ぐらいまではともにということで、しばらく泊まっていくことになった。

会社が用意してくれたマンションは、前任者が家族三人で住んでいたものである。布団や枕が足りないことを我慢すれば、泊まるスペースには困らない。熱帯夜で暑くて眠れないくらいだったので、風邪の心配をすることなく家族四人で一つの部屋に雑魚寝となった。家族がいてくれるのは嬉しいのだが、これでは、単身の面倒くさいところも気楽なところも分からない。転勤になったのか家族旅行に来たのかが分からないような状況で、大津での生活がはじまった。

マンションが広いと分かったときから、家内は「たまには行こう」と考えていたようだ。単身世帯には多すぎる食器類が引っ越しの荷物に含まれていたが、荷造りも片づけも任せきりにしていた私にとやかく言う資格はない。京都に近いので、神社仏閣が好きな家内にしてみれば、よい機会だったのだろう。一方、子どもたちにとっては、夏休みになっても私の転勤のせいでどこにも行くことができないので、旅行代わりに大津に来たようなものだった。

家内がこちらにいる間は食事のことを心配しなくてもよかったので、非常に助かった。しかし、その状態がいつまでも続くわけではない。単身赴任生活のはじまりとしては、中途半端な感じだった。

下の息子は小学校の低学年なので親と遊ぶことを楽しみにしていて、大津に滞在中、家内と琵琶湖畔へ釣りに行ったりしていた。湖岸から疑似餌《ぎじえ》（ワーム）で適当に釣るだけなのだが、小さいブルーギルやブラックバスがたまに釣れた。これまで、息子は釣りをしたことがなかったが、結構楽しんでいた。上の娘は中学生で、友達と東京で遊んでいたほうが楽しかったのだろうが、何日間も一人で留守番をさせることもできないので、やむなく付き合ってもらった。

　土日のどちらかに、家族で竹生島《ちくぶじま》へ行ったことを覚えている。長浜まではJR琵琶湖線で行き、長浜港から船に乗って島に渡った。そのほかにも、建部大社のお祭りを見るために、瀬田唐橋まで夜に京阪電車で出掛けている。家族で出掛けたのはこれぐらいだが、私が仕事をしている間、家内は下の息子と石山寺や三井寺にお参りしていたらしい。また、どこで調べたのか、多賀大社の万灯祭にも彦根からバスで行ったようだ。

　琵琶湖花火大会に行ったのは、たしか金曜日だったと思う。土日はとても混雑するので、あえて平日に開催されていたように記憶している。とはいえ、平日でも午後四時ぐらいになると大津駅から琵琶湖畔までの道路は渋滞となるので、県内に車で出張する人は早く事務所に戻ったほうがいい、と社内で話していた。

　その日は残業もなかったので、まだ明るいうちに事務所を

びわ湖大花火大会　㈳びわこビジターズビューロー

出た。琵琶湖畔へ下る道はライトアップがされていて、夜店もいくつか並んでいた。湖岸道路から湖側のエリアはとても混んでいたので、湖岸道路を歩いてマンションへ帰った。

家内と子どもたちが私の帰りを待ち構えていた。マンションに着いたときにはもうすでに花火大会がはじまっていたので、家族四人ですぐに湖畔へと向かった。花火大会の会場からはかなり離れていたが、結構たくさんの人が見物に来ていた。腰を下ろす場所もないというほどではなかったので、座って花火をゆっくりと楽しむことができた。視界をさえぎるものがないので、湖面から打ち上げられる花火がよく見えた。すべての花火が打ち上げられるまで、一時間ぐらいは見ていただろう。

その日、大津駅はかなり混雑したらしい。一年でもっとも人出が多くなるのが花火大会の日で、普段の何十倍もの人が押しかける。花火が終わって家路に就く時間はみんな同じ、混雑解消にかなりの時間がかかってしまう。あとで知ったが、東京の家内の知り合いが親戚のところに遊びに来ていて、たまたまこの日の琵琶湖花火大会に来ていたそうだ。偶然とはいえ、滋賀県の出来事で共通の話題をもつことができる人がいるとは思ってもみなかった。

毎年この時期（八月）は、全国各地でいろいろな花火大会が催されている。テレビの番組でも花火大会のランキングを発表していたが、やはり水上から打ち上げるものが多いようだ。安全上の理由もあるのかもしれないが、景観的にもいいのだろう。東京でも、隅田川や多摩川の花火大会が有名であるが、とんでもなく混むと聞いているので私は出掛けたことがない。こんなに手軽に花火大会を見ることができたのは、家族にとってもラッキーだったと思う。

大津が混雑するのも、この花火大会のときぐらいのものだろう。それなりに人はいると思うのだが、東京の人混みになれている私からすると、どこに行っても空《す》いている気がする。この感覚に慣れてしまうと、大津からすぐの京都ですら、出掛けるのが億劫《おっくう》になってしまう。大学への進学で広島から上京した私は、「どうして東京の人の表情はみんな厳しいのだろう」と思っていたが、大津から東京の自宅に戻るたびに同じ感覚を味わうようになってしまった。

単身赴任をはじめてから一年以上経って、琵琶湖花火大会を見るのに絶好の場所を教えられた。テレビなどでも紹介されているのでご存知の方も多いと思うが、名神高速の大津サービスエリアである。高台にあって琵琶湖を眼下に見下ろすことができるので、さぞかし花火がきれいに見えることだろう。当日は、花火大会目当ての人たちで早い時間帯から駐車場が混雑するらしい。冷房のきいたカフェテリアもあるので、うまくすれば最高の見物場所になるだろう。

翌年の夏は、琵琶湖花火大会を見ることなく東京の自宅に帰っていた。一人で見るというのも何となく寂しい気がしたし、前から帰る予定になっていたからだ。名神高速は何度となく出張で通っていたが、今まで大津サービスエリアを利用したことはなかった。最高の見物場所であることを知ったからといって、一人でレンタカーを借りてまで行ったかどうかは疑わしい。三回目の夏には、連れがいなくても、レンタカーを借りて大津サービスエリアから花火大会を見たい、とこのときは思っていた。

しかし、琵琶湖花火大会が見物できたのは一度だけだった。再び転勤となり、三回目の夏は東京であった。

ウォーキング

住んでいたマンションは大津プリンスホテルの近くにあった。最寄りのＪＲ膳所《ぜぜ》駅まで徒歩で一五分もかかるのだが、それはもともと車で会社から自宅まで送迎することにしていたからだが、着任二か月にしてその車での送迎が中止になってしまった。しかし、このことは私にとっては幸いであった。

以前、東京でも健康のために隣の駅まで歩いていたことがあり、今回もマンションから大津駅まで歩いたところ、三〇分あまりで着くことが分かったので、車での送迎がなくなったのを機会に歩いて通勤することにした。少し体重が増えてスーツのズボンがきつくなっていたので、脂肪を落とすことを目標に、マンションから事務所までの道のりをウォーキングコースにしたわけである。

ウォーキングを続けるためには、コース選びがとても重要となる。広い歩道のほうが歩きやすいのだが、その横を走る車の交通量が多すぎるのも考えものである。できれば、信号などがあまりないほうが、途中で立ち止まらなくてすむので歩いていても気分がよい。さらに、脂肪を燃焼させるという意味では、少なくとも二〇分は歩き続けなければならない。これらのことを考えながら自分なりのコースを決めたのだが、いいコースを見つけることができればウォーキングは自然と長続きする。

今回のコース選びは比較的簡単だった。マンションから琵琶湖畔に出て、遊歩道を西へひたすら歩くだけだった。毎朝表情が変わる湖面、紅葉や冠雪で化粧された比叡や比良の山並みも飽きることがなかった。初めのころは琵琶湖ホテルの手前で左に曲がってJR大津駅のほうへ向かっていたが、このコースだと湖岸道路の信号と京阪電車の踏切にかかることになる。やっと信号が青になると思ったら、踏切の警報が鳴りはじめて赤信号のままということがよくあった。

しばらくしてからは、琵琶湖ホテルの湖側を浜大津アーカスまで歩いて、階段を上ってデッキを渡って湖岸道路を越えるようにした。大津駅へは少し遠回りになるが、このコースだと信号にほとんどかからない。

ウォーキングコース。大津プリンスホテル（左）とびわ湖ホール（ドーム）が見える

所要時間もおよそ四〇分で、ちょうどよいことが分かった。四〇分というと長いように思われるかもしれないが、慣れてしまうとそうでもない。たまに考え事をしながら歩いていると、知らず知らずのうちに事務所の近くまで来てしまうということも多々あった。

いつも、鼻歌を口ずさみながらウォーキングをしていた。最初に『琵琶湖周航の歌』を三番まで歌うと、なぜか気持ちが落ち着いた。それに続いて、私の好きな古いフォークソングを適当に口ずさむことが多かった。吉田拓郎、ビリー・バンバン、伊勢正三、オフコースなどであるが、おしまいはいつも五輪真弓の『心の友』にしていた。いろいろなことを考えながら八曲ぐらい歌い終わると、四〇分ぐらい経っていることが多かった。

マンションを出るのは早朝だったが、琵琶湖畔には人の気配が常にあった。ウォーキングやランニングをしている人もいたし、自転車に乗っている人もいた。なんと、夜明け前から釣りをしている人もいた。暖かくなってくると魚も動き出

琵琶湖ホテル（左）と浜大津アーカス

すのだろうか、釣り人が増えてくる。みんな何を釣っているのだろう。たくさんの竿を並べて釣っている人はコイを狙っていると聞いたが、いったい釣れたらどうするのだろう。そんなことを考えながら、もくもくと歩いていた。

このウォーキング、平日だけでなく休みの日にも続けていて、マンションから大津港の先までを往復したりしていた。しばらくすると、朝食を家で食べるようにしたので、先にウォーキングをすませてバスや電車で出勤するというパターンになった。そのときのコースは、オペラなどの公演で有名な琵琶湖ホールの湖に面した道をグルッと回って折り返していた。

琵琶湖は、日によってずいぶん感じが違う。穏やかで波の少ない日もあったが、湖面が少し波立っている日のほうが多かったように思う。あるとき、万葉集の解説本である『万葉集』（角川ソフィア文庫）を読んでいて、滋賀の枕詞が「さざなみ」であることを知った。漢字では「楽浪」と書くこともあるらしいが、もとは「神楽浪」から来ていて、「ささなみ」とは神の仕業ということなのだろう。自然科学的には、湖上と陸地とで昼夜の気温差が生じ、日中は湖上から陸地へ、夜間は陸地から湖上へ、それぞれ暖かいほうに向かって風が吹くらしい。

ともあれ、健康管理にウォーキングはもってこいだった。ただ歩くだけなので、とくに道具はいらず手軽である。ジョギングよりも体に負担がかからないので、無理なく続けることができた。そして、二週間も続けると体が軽くなってくる。ちょっとした距離であれば歩いていこうと思うようになり、階段を上るのも苦痛ではなくなった。朝早く起きることで生活にリズムができ、休日もダラダラしなくなったし、脳が刺激されて仕事においても有益だった。何事においても飽きっぽい私だが、ウォーキングだけは続けることができた。

ウォーキングのおかげで、すっかり朝早く起きる癖がついた。その反対に、夜は早く寝るようになった。飲みに行かない日は夜一〇時半ごろまでに寝て、朝四時前には目が覚めるという生活パターンができた。朝が早いので昼間に眠くなるときがあるが、それも慣れると快適だった。そして、飲みに行った翌日の朝も早く起きるようになり、睡眠時間は少なくなったが、体はそんなにしんどいとは思わなかった。逆に、短い時間でもぐっすりとよく眠れるようになった。

琵琶湖畔のウォーキングは何よりの楽しみだった。あれほど自然を満喫できるコースは、そうはない。今から思えば大変な贅沢だったと言える。

西国三十三カ所めぐり

信心深いほうではない私は、これまでにお寺参りなどはあまりしたことがない。ある人から「単身赴任で土日に時間があるだろうから」とすすめられて、西国三十三カ所めぐりのことを着任早々知った。

ある人というのは、私が大津在住の際に大変お世話になった川口氏である。なぜそんな話になったのかは忘れてしまったが、川口氏自身がすでに西国三十三カ所のお参りをすまされていたからだったと思う。ご朱印帳は六文銭（三途の川を渡るときの舟賃）と同じように棺桶に入れて火葬することになるので、のちのち残したいと思うのであれば掛け軸にしたほうがよいということまで教えていただいた。信心が足りない私は、そのとき、スタンプラリーのようなものであろうと思った。

たしかに、週末にやることがこれといってあるわけではない。近畿地方のことを知るためにはいいかもしれないと思ったし、大津支店での任期は三年と言われていたので、毎月一か所ずつお参りをすると計算しても、結願するのもそんなに難しくないような気がした。ご朱印をもらうことや、掛け軸にして床の間にかけることにはさほど興味がなかったが、西国三十三カ所めぐりのことをまったく知らなかった私は『西国三十三カ所ウォーキング』（JTBパブリッシング）という本を買い求めることにした。

西国三十三カ所めぐりという目的ではないが、三

宝厳寺（竹生島）
〒526－0124　長浜市早崎町1664
TEL：0749－63－4410

十番の宝厳寺《ほうごんじ》（竹生島）にはすぐに行く機会が訪れた。前述したように、引っ越しの手伝いに来てくれた家内が「竹生島にぜひ行きたい」と言い出したのだ。家内が言うには、竹生島には弁財天が祀られており、江ノ島、安芸の宮島と並んで「日本三大弁財天」とのことであった。江ノ島と安芸の宮島にはお参りしたことがあったので、行っていないのは竹生島だけとなる。大津支店への転勤が決まったときから、この機会に竹生島へ行きたいと考えていたらしい。

ＪＲ琵琶湖線で長浜まで行き、長浜港から船に乗って竹生島に渡った。その日は天気がよく、波はそれほど高くなかったが、あまり大きな船でないため揺れを感じ、乗船している時間が結構長く感じられた。島に着くとすぐに急な石段があって、それを上るとお寺と神社があり、神社の境内には古い木造の回廊のような建物があった。お寺（宝厳寺）で、西国三十三カ所めぐりのご朱印帳を買うことにした。川口氏から話を聞いた直後であったが、買うべきかどうか少し迷った揚げ句、「まあいいか」と思って買うことにした。そして、買ったばかりのご朱印帳に朱印を押してもらった。

次はどこに行こうかと、『西国三十三カ所ウォーキング』のページをめくって考えた結果、手軽に数をこなそうと思ってまず京都に向かった。ＪＲ奈良線の東福寺駅から、十五番の観音寺（今熊野観音）、十六番の清水寺、十七番の六波羅蜜寺と歩いて回った。結構距離があったが、一日で三つもご朱印を収集することができたので、「この調子なら任期中に三十三カ所すべてを回ることも不可能じゃないな」と思うようになった。相変わらず、信心のかけらもない。

その次も手近な所と思い、京都の地下鉄東西線の醍醐駅から十一番の上醍醐寺[1]へ行こうと考えた。郊外によくある大型店舗が隣接している駅から、ほんの少し歩いただけで古刹に行くことができる。こんなところが、さすが京都である。入り口あたりに注意書きがあったと思うが、登山道の入り口に行くまで上醍醐寺が落雷の被害に遭ったことを知らなかった。そういえばと思考をめぐらし、ニュースでどこかのお寺が落雷によって燃えたと言っていたのを思い出した。仕方がないので、麓の醍醐寺[2]でご朱印をもらって帰った。

滋賀県にいながら京都のお寺ばかり行っていてはいけないと思い、十三番の石山寺へ行った。京阪電車の石山寺駅から歩いても一〇分ほどなので、ここも楽だった。紫式部（生没年不詳）が『源氏物語』の構想をねった所と言われており、それから一〇〇〇年経つことを記念する展示などがあって観光客で混んでいた。

人混みをかき分けるようにして進み、ご朱印をもらうこ

紫式部の部屋がある石山寺の本堂。〒520－0861
大津市石山1－1－1　TEL：077－537－0013

大津市観光キャラクター「おおつ光ルくん」のピンバッジ

とができた。そのとき、「十二番の正法寺（岩間寺）まで歩いて行けますか？」と聞いたところ、「かなり時間がかかる」と言われたので日を改めることにした。

それから数週間が経過した週末の天気がよい日に、岩間寺までウォーキングで行った。本では途中までバスで行くというルートになっていたが、本数も少なく面倒くさいので石山寺駅から歩くことにした。これが過《あやま》ちのもとで、行けども行けども辿り着かなかった。車に追い越されることはあるが、歩いている人はまずいない。やっとの思いで着いた山頂の伽藍は立派としか言いようがない。こんな所までどうやって木材を運んだのだろうと、つい、昔の人たちの苦労がしのばれた。

岩間寺（3）では西国三十三カ所めぐりの掛け軸を買い求めた。飾ってあったのが気に入って買ってしまったのだが、かなり高い買い物となった。掛け軸にご朱印をもらったあと、近くの神社に立ち寄ってから山を下りた。帰りは楽だったが、それでも時間は相当かかった。石山寺に再度寄って掛け軸にもご朱印をもらってからマンションに戻ったが、さすがに疲れを感じて夕方までしばらく横になった。ふくらはぎが少し腫れているような気がしたが、案の定、翌日以降、数日間は筋肉痛に悩まされた。

三か月足らずで七か所にお参りできたので、計算上は三年もかからずに全部回れるかなと楽観的に考えるようになった。そうなると、遠い所へは早めに行ったほうが楽なので、一番の青岸渡寺《せいがんとじ》（4）へ行くことにした。調べてみると、朝早く出掛ければ日帰りでも可

（1）　〒601‐1383　京都市伏見区醍醐醍醐山　TEL：075‐571‐0002
（2）　〒601‐1325　京都市伏見区醍醐東大路町22　TEL：075‐571‐0002
（3）　〒520‐0869　大津市石山内畑町82　TEL：077‐534‐2412
（4）　〒649‐5301　和歌山県東牟婁郡那智勝浦町那智山8　TEL：0735‐55‐0001

能だということが分かったが、それだけで行くのもつまらないと思っているうちに寒くなったのでやめてしまった。ほかにもいくつか遠い所があるので、春になって暖かくなったら出掛けることにした。

西国三十三カ所の各寺院では、ご朱印をもらっている人をよく見かけた。私と同じように、ご朱印帳や掛け軸を持って回っていた。掛け軸の場合はよく乾かさないといけないので、納経所にはヘアードライアーが置いてあった。そういえば、バスツアーらしい団体でお参りされている人たちや、夫婦で一緒にという姿もよく見かけた。年齢的には、私と同じくらいかそれ以上に見えたが、みなさん熱心にお参りされている。それに比べれば、自分はおもしろ半分でいい加減としか言いようがない。

ともあれ、西国三十三カ所めぐりの滑り出しは順調だった。川口氏のお話を聞かなければ、ご朱印帳や掛け軸を買うこともなかっただろう。おもしろ半分と言いつつも、本当にありがたいことを教えていただいたと思っている。

大津祭

駅のポスターなどで「大津祭」（毎年、体育の日の前々日と前日）というお祭りのあることを知ったが、開催される週末は東京に帰ることを考えていた。しかし、大津在住の先輩である芝野氏に「一度は見たほうがいい」と言われたことから、お祭りを見ることにした。

　ちょうど三連休と重なっていたので、家族にも来てみないかと誘ってみたところ、家内と息子が来てくれることになった。娘にしてみれば、大津に行っても家内の神社仏閣めぐりに付き合わされるだけなので、東京に残っているほうがマシだと思ったのだろう。中学生なので一人では心配だったが、三日分の食事を用意し、お隣にも事情を話して家内は大津にやって来た。息子はと言えば、夏休みに初めて経験した琵琶湖畔での釣りを思い出しながら、また釣りに行けることを楽しみにしていた。

　私と同じく転勤で大津にいる人に聞いてみると、大津祭のことを知っている人は多かった。それぞれの町内ごとに、からくりの仕掛けられた曳山《ひきやま》が出るらしい。家族も来ることだし、曳山がどこを通るのか知りたくて大津駅前の観光案内所へ行ったところ、そのルートが記載されたパンフレットを手に入れることができた。駅に近く、何度かお参りしたことのある大孫神社（二一〇ページ参照）がスタート地点と分かり、何となくお祭りを身近に感じることができた。あとは、家族と見る場所を決めればよいだけである。

　どこに保管してあったのか、お祭りの二、三週間前から覆いがかけられた曳山がバス通りに現れた。また、夜に歩いているときにどこからかお囃子の音が聞こえてくるようになり、そちらへ行ってみると、提灯が下げられていて本番に向けて練習をしていた。もちろん、私のようなよそ者が話を聞けるような感じではなかったが、お祭りが近づいている雰囲気が十分に漂っていた。

前日から家内と息子は大津に来ていたので、朝早く出掛けることに問題はなかった。もらったパンフレットによれば、からくりを披露する場所はかぎられているということなので、そのうちの一つ、あらかじめ決めておいた交差点へと向かった。すでに見物客が結構集まっていて、曳山が来るのを待っていた。ようやくやって来て交差点で方向転換をするのだが、からくりの見せ物がない。二、三台の曳山が通ってもからくりをやらないので、ようやく場所のまちがいに気付いた。

曳山に乗っている人が、「ちまき」のようなものを見物客に投げている。どういうものなのかよく分からないが、みんなが拾おうとしている。息子も拾おうとしたが、タイミングが悪くてほかの人に取られてしまった。一つも拾えないことを可哀想だと思われたのだろう、息子に向かって投げてくれた人がいて何とか拾うことができた。それぞれの曳山の名前を書いた紙が付いていて、縁起物としてマンションの玄関ドアにかけているお宅の真似を

大津祭の曳山巡行

して私も玄関先に置くことにした。

縁起物を拾えたのはいいが、からくりが見られないのではつまらない。ほかの場所へ移動をはじめたものの、見物客が多くてなかなか思うように動くことができない。少し時間がかかったが、なんとか天孫神社の近くでやっと見ることができた。そのあと、人混みを避けてブラブラしていたら別の通りでまた曳山に出合った。今度は、タイミングよく一回で「ちまき」のようなものを拾うことができた。あとになって、「ちまき」のようなものは天孫神社で買うこともできると知ったが、やはりもらったほうが縁起がよい。

私を含めて家族の誰もがこのようなお祭りを見物したことがなかったので、いい経験になった。もちろん、京都の祇園祭などはもっと豪華なのだろうが、その混みようは尋常ではないと聞いている。大津祭ぐらいでちょうどよかったのかもしれない。芝野氏に言われた通り、せっかく大津で暮らしているのだから、一度は見物しておいたほうがよいと思われる祭りである。もし、あの機会を逃していたら、二度と見物する機会がなかったかもしれない。

大津祭も無事に終わり、家内と息子は東京に帰っていった。三連休など、あっという間にすぎてしまう。「祭りのあと」ではないが、一抹の寂しさを感じつつ家族に少し無理をさせたのかなとも思った。東京に残った娘のほうも、とくに問題は起きたわけではないが不自由だったにちがいない。家内もよく来てくれたが、家を空けることで事前に準備が必要なことや、たまった家事を片づけなければいけないことを考えると、三連休ぐらいで家族を呼ぶのは考えものだったかもしれない。

琵琶湖花火大会ほどではないが、大津祭にも大勢の人が見物に来ていた。この二つのイベント以外に、大津の街が人で混んでいたという記憶がない。滋賀県は、歴史上の貴重な舞台となった場所がいくつもあり、自然という意味でも琵琶湖という圧倒的な存在がある。こんなに恵まれている所はほかにはないにもかかわらず、である。

もう一度、大津祭を見る機会というのは、なかなかないかもしれない。やっぱり、商店街にある「大津祭曳山展示館」(5)でもっと勉強しておけばよかったと思っている。今となっては、何を言っても「あとの祭り」である。

うつ状態

表面的には大津での生活にも慣れ、単身赴任も苦にならなくなってきたように見えるだろうが、内実はいろいろな悩みを抱えながら暮らしていたというのが正直なところで、だんだんと無理が利かなくなってきた。

仕事のほうも、あまりうまくいっていなかった。周りの人に支えられて何とか格好はつけていたが、ポジティブに取り組めていなかった。管理職として責任を十分に果たしていたとは言い難く、事実、職場で問題が発生してしまった。そのときは、自分がちゃんと管理していればミスの

(5) 〒520-0043　大津市中央1-2-27　TEL：077-521-1013

発生を防ぐことができたのではないかという思いに苛《さいな》まれた。知らず知らずのうちに、自分の部屋で黙々と仕事をする時間が長くなった。だんだん気分も沈んできて、口数が少なくなっていた。

休日の西国三十三カ所めぐりは、岩間寺を最後にパッタリ途絶えてしまった。青岸渡寺《せいがんとじ》へ行こうとしてやめたのは、前述したように寒くなったということだけではなかった。一緒に三十三カ所めぐりをする連れが欲しいという期待もあったが、いかんせん休みの日に出掛けることが億劫《おっくう》になっていたのだ。『西国三十三カ所ウォーキング』の本も、掛け軸が入れられるようにと買ったリュックサックに入れっ放しの状態になり、手に取ることもなくなった。飽きっぽい性格そのままに、西国三十三カ所めぐりは頭のなかから消えていった。

自分でも落ち込んでいるのは分かっていたが、なかなか気分転換をすることができなかった。毎朝の日課となっていた琵琶湖畔のウォーキングも、ときどきさぼるようになっていた。朝早く起きることができなくて、ウォーキングをしてからだと始業時間に間にあわないので、膳所《ぜぜ》駅まで歩いてJRに乗り、何とか始業ギリギリに出勤するという日々が多くなった。人と話すことは嫌いではなかったのに、電話をするのもおっくうになってしまった。会社や取引先の人にも「変だ」と思われていたのではないだろうか。

以前にもこういう状態になったことがある。そのときも仕事があまりうまくいっておらず、それが原因となって気持ちが落ち込んでいった。元気を取り戻すまでにしばらく時間がかかったが、仕事を通じていろいろな人と接しているうちに、徐々に気持ちも切り替わっていった。今回は支店勤務であるため対外的な仕事も多いので、しばらくすれば元気になるだろうと思っていたが、少し勝手が違った。自分の置かれた環境について、否定的なイメージをもつようになっていたのだ。もちろん、初めての単身赴任ということも影響していたと思う。

私には、四〇歳になって恵まれた息子がいる。転勤の内示が出たときは、ちょうど小学校三年生の夏休みの前だった。娘の学校の関係でやむなく単身赴任となったが、そのことを家内から息子に伝えてもらった。すぐに反応がなかったので、意味がよく分かっていないのかなと思っていたが、二階から下りてくるなり「来週から夏休みだよ！」と言い、涙ぐんで怒っていた息子の顔が今でも忘れられない。

単身赴任の経験者からは、勤務地に早く溶け込むためにも、着任後しばらくは自宅にあまり帰らないほうがよいとアドバイスを受けていた。また、単身赴任手当ての金額を考えても、月に二回帰ると足が出ることは分かっていた。ただ、息子がかわいそうで、結構頻繁に自宅に帰っていた。今から思えば、息子のことを考えていたというよりは、自分自身の気持ちが家族に依存していたのかもしれない。一番気弱になっていたのは、息子ではなく父親のほうだったと思う。

大津は京都に近く、京都から新幹線にすぐ乗れるという意味ではとても便利な所である。なにせ、大津駅から京都駅までは在来線で二駅、一〇分しかかからない。これほど近いことはあまり知られておらず、東京から来た人は大抵驚く。仮に仕事で少し遅くなったとしても、金曜日に東京へ帰れないということはまずない。東京駅から自宅までは一時間ぐらいなので、遅い時間の新幹線だと自宅に到着するのは深夜になってしまうが、そんなことは東京で勤務していてもままある。正直言って体はしんどいが、息子の顔を見ることが楽しみだった。

自宅に帰るまでは楽しい気分でおられたが、週末の時間などはすぐに経ってしまうので、あっという間に日曜日になって大津に戻ることになる。早く戻っても仕方ないので、最終の新幹線に乗ろうとすると家を午後八時前には出なくてはいけない。早めにお風呂に入って夕食をとるとしても、食後にゆっくりするだけの時間はない。日曜日にどこかへ出掛けた場合でも、帰りが遅くなると間にあわなくなる可能性がある。そんなことを考えると、やっぱり東京に住んでいるのとは訳が違うと実感しはじめた。

ひょっとしたらと思って調べてみると、早朝の新幹線に乗ることができれば始業時間に間にあうことが分かった。始発の新幹線に乗りたいところだが、自宅からではさすがに間にあわない。その次の新幹線だと京都に着くのは八時半近くになるが、大津まで一〇分で行けるので始業時間にはギリギリ間にあう。朝四時に起きて自宅を五時前に出なければならないが、それさえクリアすれば、日曜日にゆっくり夕食を食べて寝ることもできる。

どうしたものかと少し迷ったが、息子の「もう帰っちゃうの」という一言を聞いて、月曜日の早朝に大津に戻ることにした。品川駅で新幹線に乗り換え、列車内で朝刊を読みながら朝食のサンドイッチを食べ、ホットコーヒーで目を覚ますというのがお決まりのパターンとなった。冬の寒い時期は朝起きるのがとても辛かったが、起きないわけにはいかなかったし、それに新幹線に乗りさえすればあとは楽だった。早朝の新幹線は結構混んでいて、私のような境遇の人がたくさんいるように感じられた。

こんなふうにして、多いときには月に二回ほど自宅に帰る日々を送っていたのだが、家族と一緒にいるというだけで、それほど気持ちが前向きであったわけではない。自宅に帰っても、息子と何かをしようと計画するわけではなく、行きたいという所があればそこに連れていったり、特別行く所がなければ近くの公園へ遊びに行ったりしていた。もちろん、気晴らしにはなったが、すべてが受動的だった。

私のような転勤族の人から、「単身赴任って結構楽しいよね」とか、転勤のない人から「単身赴任もたまにはいいでしょ」と言われたが、そんなふうに考えたことは一度もない。むしろ、単身赴任になったことや、その原因となった大津への転勤をうしろ向きに考えるようになっていた。「どうして、自分はここに来てしまったのだろう」、そんな気持ちで琵琶湖を眺めると、あんなに素晴らしく思えた景色でさえひどく冷たく見えるようになった。

あのころの自分はへたっていた、と今でも思う。いつも下ばかり向いて歩いていたわけではないが、楽しかったという記憶がない。多少の浮き沈みのもと、ほぼ一年近く元気のない状態が続いていたことになるが、今から思い出そうとしても記憶の不確かなことが多い。せっかく滋賀県に住んでいながら、地元に溶け込むどころか一年経っても何も語ることができなかった。まったくもって「もったいない」と言うほかなかった。

自分の精神状態がおかしいことはよく分かっていた。このままではいけないといつも思っていたが、なかなかよくはならなかった。こんな状態が続いたらどうなるのだろうか……と心配に思うこともあった。

冬支度

大津支店に着任したのは八月の暑い盛りで、うるさいぐらいセミが鳴いていた。残暑も厳しい日々が続いていたが、気が付いてみると、肌寒いと感じることもあるようになっていた。

瀬戸内生まれの私は、もともと寒いのがあまり得意ではない。寒がりというわけでもないが、寒いよりも暑いほうが好きである。東北や北海道に出張したことはあるが、今まで住んだことはない。東京は、どちらかと言えば暑いと思う。とくに都心は、ヒートアイランドのせいか気温が高い。冬に、たまに雪が少し積もることがあるが、慣れていないのと面倒くさいので何もしない。お隣が雪かきをするのを見ながら、雪が解けるのをじっと待っているという始末である。

滋賀県については、「盆地だから結構寒いよ」と聞いていた。なるほど、言われてみれば琵琶湖を囲んだ盆地みたいなものである。同じように盆地である京都も冬はかなり寒いと言われているし、東京から転勤して来た人も「こちらのほうが寒い」と口を揃えて言うので少し心配になってきた。さすがに雪の心配はないだろうと思っていたが、積もることもあるという。寒くなってからでは遅いので、早めに冬支度をしなくてはいけないと考えるようになった。

自宅のマンションには、寝室に冷暖房用のエアコンが一台だけ付いていた。灯油の共同購入もできるので、石油ストーブや石油ファンヒーターを使っている人が多いのかもしれない。「エアコンだけでも何とかなるかな」とも思ったが、キッチンから遠いので暖房器具を一つだけ買うことにした。コンパクトな電気ストーブでもいいかなと思ったが、結局、インターネットでオイルヒーターを買うことにした。

オイルヒーターはなかなか暖かくならないとか、電気代がかかるとか言われていたが、私には使い勝手がよかった。二四時間タイマーが付いているので、起きる少し前に時間をセットしておけば布団から出るころには暖かくなっているし、帰宅時間にあわせておけば部屋が暖まっている状態で帰れる。単身者にとっては、誰もいない家に帰るのは寂しいものである。寒い季節には、部屋が暖まっているだけでもありがたかった。

光熱費としては、石油ストーブや石油ファンヒーターに比べれば高くついたのだろう。ただ、灯油の心配をしなくてもいいのは楽だった。朝の起床時間と夜の帰宅時間だけにつけるようにして、昼間は使わないようにしていたが、週末に東京に帰る際、タイマーの解除を忘れると、電気代の請求額がとたんに増えてしまった。

マンションの部屋は南向きだったので、暖房としてはオイルヒーターが一台あれば十分だった。

マンションは築後かなり年数が経っているが、部屋は四階なので地面の冷たさが伝わってこない。私の場合、布団に入ってしまえば暖房はいらないので、家族が泊まったときを除けば冷暖房用のエアコンを使うこともなかった。一年でもっとも寒くなる二月ごろになってみないと分からないが、このときは、身も心も寒い冬をなんとか越せるような気がしていた。

一応、冬支度は整ったが、精神的には相変わらず沈んだ状態が続いていた。秋も深まって日が短くなると、普通にしていても侘しい気持ちになる。正直言って、そのころのことはあまりよく覚えていない。日常生活のなかで最低限のことだけをしていたのだろう。そのころ、自分から積極的に何かをしたという記憶がない。いつの間にか冬至がすぎ、少しずつ日が長くなっても、「冬来たりなば春遠からじ」という気持ちには到底なれなかった。

湖東三山（西明寺、金剛輪寺、百済寺、六二ページ参照）の紅葉が美しいということは知っていたが、バスに乗ったり、レンタカーを借りてまでして行く気にはなれなかった。年が明けてから、長浜の盆梅を見に来ないかと誘われたこともあったが、都合がつかないという理由で断ってもいる。春、海津大崎の桜が見事なので一度は見たほうがよいとも言われたが、ここにもたぶん行かないだろうと思っていた。翌年になって、紅葉は湖東三山の代わりに永源寺へ行き、長浜の盆梅へは二度出掛けたが、結局、海津大崎の花見は行けずじまいとなった。

今から思えば、本当にもったいないことをしたと思っている。大津の在住期間がもう少し長ければいろいろ取り返すことができたかもしれないが、気持ちが落ち込んでいた最初の一年を棒に振ってしまったことは大きい。大津に住んでいたことを話すと、「京都に近いから観光ができていいね」と言う人がいるが、京都観光へ行く前に、滋賀県内にも行くべき所がたくさんある。気持ちが上向きになったあと、『びわ湖検定』を読みながらつくづくそう思った。

大津で過ごした二回の冬のうち、一年目の冬は精神状態が散々だった。大津で迎えた最初の冬、気温の低さや風の強さなどは気にしてはいなかった。一番の問題は心の寒さであり、出口が見つからないまま春は永遠に来ないような気がしていたの

永源寺で買った切手シートの一部

だ。唯一の成果は、オイルヒーターを買ったことである。何をするにも腰が重かっただけに、よく買ったと思う。冬ごもりになってしまったが、マンションの部屋の中は暖かかった。

ちなみに、二年目の冬には自宅で湯豆腐が食べたくなり、一人用の土鍋と電熱ヒーターを買っている。鍋をガスコンロで沸騰させてから電熱ヒーターの上に置いておくと、ふきこぼれないし、温かいままなので重宝した。白身の魚と残りものの野菜があれば、美味しい鍋をつくることも簡単にできた。お酒の燗は電子レンジではなかなかうまくいかなかったが、知り合いから湯煎のほうがいいと言われて、一合徳利を買って湯豆腐で晩酌をしていた。

立ち直りのきっかけ

相変わらず元気のない状態のまま三月の年度末がすぎ、新年度に入ってしまった。一年で一番よい季節になっても、気持ちのほうはなかなか上向きにならなかった。沈んだ気分のまま数か月が経過したと思う
仕事上、私は経営者の方にお会いする機会が多かった。事業の内容はそれぞれ異なっているが、やはり一国一城の主だけあって、みなさん迫力がある。気のきいた話の一つでもしたいと常々思っていたが、どうもうまくいかない。とりあえず、季節の話や景気の話からはじめて、いろいろな話題につなげようと思ってみても会話が盛り上がらない。そういうことが何回か続くと、経営

者の方にお会いするのも億劫《おっくう》になり、ますます話が弾まなくなった。

丸一年が経った八月の終わりごろ、ある会合に出席することになった。毎年恒例になっているもので、前回も出席していたが、今回は正直言って気が重かった。簡単な挨拶をしなければならなかったのだが、それが負担になっていた。欠席する理由もとくにないので、とりあえずは出席の返事を出した。何とかなるだろうと漠然と思っていたのだが、あっという間に当日となった。結局、何の準備もできないまま会合の会場に赴いた。内心不安を抱えながら、私は挨拶の順番を待っていた。

このとき、某中小企業の経営者である松岡氏にお会いすることができた。気さくな方で、初めてお目にかかったにもかかわらずいろいろと話しかけてくださったが、私のほうはいい加減な返事しかできなかったと思う。そうこうしているうちに私の番になり、とりあえず無事に挨拶をすませた。何とか挨拶ができたことにほっとしつつも、「下手な挨拶だな」と自己嫌悪を感じているときに松岡氏の挨拶を聞いた。要領を得た、とても上手な挨拶だった。

会合の翌日、松岡氏から手書きのハガキが届いた。会合の直後に出されたものらしく、当日付けの消印になっていた。初めて出会った人に対して、すぐにハガキを出されているのだろう。届いたハガキは返事を期待したものとは思えなかったが、お返しのハガキぐらいは出したいと思った。とはいっても、手元にハガキの一枚がない。まず、そこから準備しなくてはいけなかった。

返事が出せずに数日がすぎ、週末を迎え、「こんなこともできないようではだめだ」と思った。

とりあえず絵ハガキを手に入れようと思い、比叡山に行くことにした。大津に来て一年以上経つというのに、まだ行ったことがなかった。京阪電車で坂本まで行き、ケーブルカーで山に登った。根本中堂に以前行ったことがあるのを思い出しながら、散策をしてケーブルカーで下山したのだが、マンションに戻ってみると絵ハガキを買い忘れたことに気付いた。

これでは、いつまで経っても返事が出せない。夕方になっていたが、近くの義仲寺《ぎちゅうじ》（二一〇ページ参照）に行くことにした。幸いまだ開いていたが、拝観はせず、入り口の売店で絵ハガキを買い求めた。上段に住所と宛て先を書いてみると、下段の通信欄は意外に狭いということを改めて感じた。何を書こうかと少し迷ったが、会合で話かけていただいたお礼と、今後ともご指導いただきたい旨を書くとスペースがなくなってしまった。気が変わらないうちに、すぐに切手を貼ってポストに投函した。

ふがいない自分に辟易《へきえき》していた。何とかしなければいけないと思いつつも、きっかけがつかめなかったのだ。だから、松岡氏にハガキで返事を出すことに意地になっていたのだと思う。結局、一週間近くかかったが、なんとか投函できたことに少しほっとしていた。

今から思えば、このころが転換期だったと思う。少しずつではあるが、前向きにものを考えるようになっていた。まだ本調子とは言い難い状態だったが、とても重かった心と体が軽くなっていくような気がしはじめていた。

それまでは、週末はマンションで寝転がってテレビばかり見ていたが、午前中に洗濯と掃除などの家事をすませ、出掛けるようになった。本屋に行って子ども向けの工作キットを買い、息子へプレゼントしたこともある。一緒にいることはできなくても、家族を想うことが大切である。単身赴任で寂しいからといって仕事に力が入らないような父親では、子どもも悲しむにちがいない。家族のためを思うのであれば、まず自分がしっかりしなくてはいけない。

私にとっては大きな発想の転換だった。たとえ土日であっても、仕事上出席するべきだと思えば迷わず出掛けるようになった。もちろん、仕事以外でも週末におもしろい行事があれば出掛けることが多くなった。そのうえで、用事のない週末はできるだけ東京に帰るように計画を立てた。

私がうつ状態になったのは、単身赴任だけが原因ではない。仕事上でミスが出てしまったことをはじめとして、いろいろな想いが積み重なっていたと思う。初めはそれほど深刻なものではなかったが、悪循環に陥ってしまったようだ。私にとって幸いだったのは、仕事をするうえで中小企業の経営者の方々に会う機会が多かったことだ。松岡氏にかぎらず、みなさん一生懸命に生きている方ばかりだった。その方々と話をするたびに、私は見習わなくてはいけないと思った。

周りの人たちは、私がそんな気持ちでいることに必ずしも気付いていたわけではない。当時はかなり苦しんでいた、とあとになって話すと、「そんな風には見えなかった」と言われたこともある。たしかに、見た目には分からなかったかもしれないが、本来の自分を見失っていたというのが事実である。もし、あのままの状態が続いていたら、滋賀県で仕事ができてよかったなどと思うことはなかっただろう。何ら得るものがなく、失うことばかりだったと後悔するだけであったと思う。

大津での最後の六か月間は、今までに経験したことがないくらい充実したものだった。それまでとは見違えるように元気になり、いろいろな所へ出掛け、多くの方々と出会い、公私ともにとても忙しい日々だった。最初からこの状態だったらよかったのに、と思わないではないが、苦しいときがあったからこそ楽しさが倍増したようにも思う。

よく言われるように、何歳になっても人は変わることができる。現在の自分を変えたいと思って行動すれば、すべては変わる。滋賀県でそんな人を見てきたし、自分も実感することができた。お会いした方々に、改めて感謝を申し上げたい。

渡岸寺《どうがんじ》観音堂（向願寺）

渡岸寺のことは大津に赴任する前から知っていた。近畿地区での勤務経験がある人が、有名な十一面観音があることを教えてくれていたのだ。口頭で「どうがんじ」と聞いただけだったので、漢字でどのように書くかまでは知らなかった。

赴任先の支店へ行くと、私の部屋に十一面観音像の写真が壁に掛けてあった。誰かに説明してもらった記憶はないが、なぜかそれが渡岸寺の十一面観音であると、そのときに分かったような気がする。たしかに、美しい観音様であった。これまで、仏像の類《たぐい》を見てそんな気持ちを抱いたことはなかったが、そのときは自然に美しいと思った。仏像というよりも、彫刻された美術品を見ているような感じだった。いつか機会があれば、写真じゃなくて実物を見てみたいと考えるようになった。

　しかし、その機会はなかなか訪れなかった。長浜まではしょっちゅう出張していたが、渡岸寺がある高月町の取引先はかぎられており、あまり行く機会がなかった。初めて行くことができたのは、たぶん初秋のころだったと思う。湖北町から木之本町へ行く途中、少し時間があったので渡岸寺に立ち寄ることにした。思っていたよりも小さなお寺だったが、山門をくぐって手を清め、本堂のほうへ歩いていくと国宝の十一面観音を収蔵する建物が見えた。早速、拝観料を払って建物の中に入ると、ほかにも観光客が数人いた。

　観光客向けに録音テープの説明が流れたあとに、お寺の人が少し補足で説明をしていた。説明が終わ

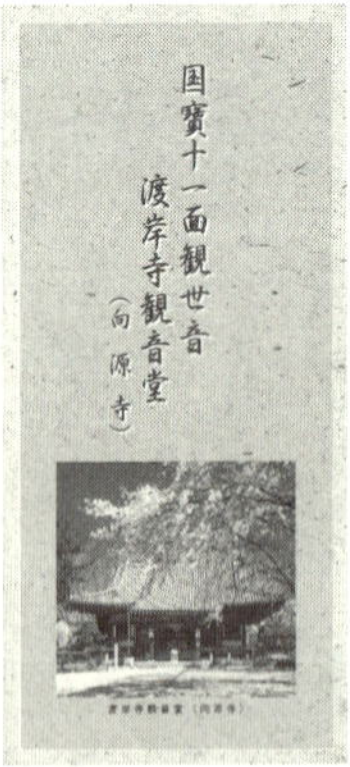

渡岸寺のパンフレット
〒529－0233　長浜市高月町渡岸寺215
TEL：0749－85－2632

観音様の写真立て

ると観音像をグルッと回って、さまざまな角度から見ることができた。やっと観音様を見ることができたという感慨はあったが、時間がなかったせいもあって正直なところよく覚えていない。お土産に観音様の写真を買おうとしたが、ポスターは高かったので机の上に置けるものにした。とりあえずは実物を見られたことに満足してその場を立ち去った。

なぜ、渡岸寺に立ち寄る気になったのだろう。たしかに、一度は実物の観音様を見てみたいとは思っていたが、しばらく経つうちに忘れてしまっていたのも事実である。その気になれば休みの日に行くこともできたのに、元気のない私はそこまでする気が起きなかった。それでも、国宝の一つでも見ておかないと、本社から偉い人が来たときに話の一つもできないと思ったのかもしれない。実際、目にした観音様は予想通り美しかったが、当時の私はそれ以上の思いをめぐらすこともなく、そのあとはしばらく観音様から遠ざかってしまった。

再び渡岸寺を訪れたのは、一年以上経ってからである。とある週末の午後、長浜で会合に出席することになっていた。そのころの私はすっかり元気になっていて、休みの日に出掛けることが苦にならなくなっていた。その日も午前中にどこかに行こうと考えていたら、無性に観音様にお会いしたくなった。ＪＲで高月駅まで行って、駅前の観光案内所で聞くと、歩いて一〇分もかからないとのことだった。お寺までの道はよく整備されており、道なりに歩いていくと見覚えのある山門が見えてきた。

前回と同じように山門をくぐって手を清め、本堂のほうへ歩いていき、拝観料を支払ってから国宝の十一面観音を収蔵する建物の中に入った。午前一〇時すぎだったと思うが、すでに十数人の観光客がいた。椅子が余っていたので座って待っていると、さらに数人の観光客が入ってきて、いっぱいになったところで録音テープの説明がはじまった。以前もひと通り聞いたはずなのだが、妙に新鮮な感じがした。観音様や一緒に展示されている仏像を眺めながら、静かに説明を聞いていた。

お寺の方の補足説明はとても興味深いものだった。渡岸寺の十一面観音の特徴の一つとして、耳飾りのようなものが付けられているという説明があったが、聞くまではそれに気付いていなかった。また、寂れていたお寺を再興した泰澄という高僧が十一面観音をつくったことも分かった。ヒノキの一木造り《いちぼくづく》(6)で、木が反ることを考えて丸太の半分を使っている。これだけの大きさの観音像をつくるとなると、かなりの大木が必要だったと思われることなどが説明された。

ほかの観光客のあとに従って、ひと回りしながら観音像をいろいろな角度から見た。前回と違い、時間があったのでかなりじっくりと見ることができた。眺める位置によって、観音様はさまざまな表情を見せる。支店にある写真と同じように見えないかと思ったが、どうもうまくいかない。私の背が低いのかと思って椅子の上に立ってもみたが、思い通りのアングルにはならなかった。ほかの観光客がいなくなったあと、観音様の前に跪《ひざまづ》いてお参りをした。

説明をされたお寺の方に、「きれいな十一面観音ですね」と話しかけたら、湖北一帯には十一面観音がたくさんあると教えられた。とりわけ、木之本の近くの古橋という集落が有名であるという。もともと古橋の奥にある己高山《こだかみやま》に大きなお寺があり、そこで祀られていたものが、お寺が寂れたので里に下りてきて集落で保存されていたものらしい。十一面観音についてもっと知りたければ、井上靖（一九〇七～一九九一）が書いた『星と祭』（一〇四ページ参照）という小説を読むとよいとすすめられた。

日本には国宝になっている十一面観音は七体あり、そのなかでも、渡岸寺のものがもっとも美しいと言われている。ほかの十一面観音像を見ていないので何とも言えないが、そんな評判も分からないではない。右足を少し踏み出し腰を捻っているように見えることから何となく色気があり、「東洋のビーナス」とどこかでたとえられていたと思うが、私は少し違う感じがしている。私が見た印象では、むしろ「聖母マリア」と言ったところだ。

渡岸寺の十一面観音を見て、とても気持ちが落ち着いた。やっぱり、お会いしに行ってよかった。仏像にそれほど興味があるわけではない私は、奈良・興福寺の阿修羅像を中学生のころに見て「かわいい」と思ったぐらいの記憶しかない。なぜ、これほど渡岸寺の観音様に惹かれるのか不思議だった。見た目の美しさだけではなく、心の安らぎを求めて観音様を見ていたのだろうか。自分もつくづく歳をとったものだ、と一人でつぶやいていた。

渡岸寺にはもう一度出掛けている。大津にいた一年八か月のうちに三回訪れた神社仏閣は、ここを含めて数か所しかない。最後に十一面観音を見たとき、私はそれまでとは違った印象を受けることになった。

（6）　1本の木材から仏像の全身を丸彫りした継ぎ目のないもの。平安初期以前はほとんどこの方法であった。

びわ湖検定

いろいろな場所へ出掛け、多くの人に出会うきっかけとして『びわ湖検定公式問題解説集』がとても役に立った。何となく本屋で手に取ったのがそもそものはじまりだが、意外とおもしろかった。

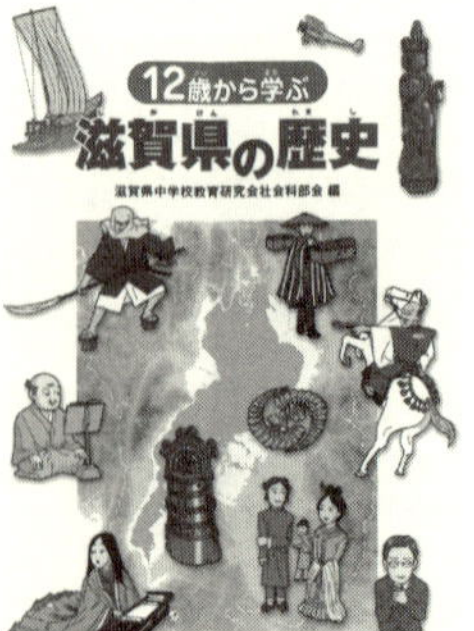

サンライズ出版、2005年

一年以上が経って、少しは滋賀県について話すことができるようになった私だが、もちろん最初から知っていたわけではない。近畿地方に住むのは初めてであり、右も左も分からず、最寄りのＪＲ膳所駅は「ぜしょ」だと思っていたし、野洲駅も「のす」と読むような始末だった。愛知川という川の名前を聞いて、滋賀県にどうして「あいちがわ」という川が流れているのだろうと思った。そして、車で県内へ出張しても、琵琶湖の東か西かぐらいは分かっていたが、具体的にどの辺りにいるのかはよく分かっていなかった。

「少しは滋賀県について知らなくては」と思って本屋へ行ったら、滋賀県に関する本のコーナーを見つけた。いろいろな本が置いてあったが、もともと地理や歴史に詳しいわけではない私には何を読めばいいのかがよく分からない。簡単なものがいいと思って、滋賀県中学校教育研究会社会科部会が編集した『12歳から学ぶ　滋賀県の歴史』という本を手にしたのだが、その横に『びわ湖検定』が置いてあった。滋賀県にもご当地検定があるんだなと思い、一緒に買ってしまった。

今にして思えば、このときからすべてがはじまったと言っても過言ではない。びわ湖検定を受験するつもりはなかったが、『びわ湖検定』に書いてあることが結構おもしろかったので、時間のあるときに少しずつ読んでいった。職場の同僚と一緒に昼食をとりながら、『びわ湖検定』から入手した知識をもとに、「昔の琵琶湖はもっと南にあったみたいですね」などと話したりしていたのだが、気が付いたらいつの間にか読み終わっていた。

他所のご当地検定のことを知っているわけではないが、びわ湖検定は非常にとっつきやすかった。お隣りの「京都検定」は、テレビで取り上げられているのを見たが、いかにもマニアックな感じがする。それとは対照的にびわ湖検定は、琵琶湖という世界でも有数の淡水湖を切り口として地球環境の問題も扱っており、ユニバーサルな側面をもっている。『びわ湖検定』をネタに、バイカル湖は地球上の淡水の五分の一を占めるという話をすると、ほとんどの人が驚いていた。

びわ湖検定は、その名前に「びわ湖」を冠しているが、扱われている問題は琵琶湖に関するものだけではなく、滋賀県の自然、歴史、経済、文化など広く全般にわたっている。比較的最近のことでも知らないことが多かったので、「へぇ、そうなんだ」と思って滋賀県の人に話してみると、意外と知られていないことが多かった。仕事で取引先の人と話す際にも話題にできるような気がしてきたので、少し欲を出して『続・びわ湖検定公式問題解説集』（以下、『続・びわ湖検定』）も買うことにした。

『続・びわ湖検定』を買い求めようと本屋へ行ったとき、びわ湖検定の申込書がすぐ横に置いてあった。この時点では受験しようとは思っていなかったが、とりあえず持って帰ることにした。マンションに戻って申込書を読んでみると、間もなく締め切りであると分かった。せっかく問題集を読んでいることだし、何となくもったいないような気がしたので、思い切って受験してみることにした。日曜日の夕方、ケータイで申し込みをして、翌日、銀行から受験料を振り込んだ。

申込書には、スタンプラリーで点数がもらえることが説明してあった。滋賀県内各地の観光スポットへ行ってスタンプを集めることができれば、最高で二〇点が加算されることになっていた。観光スポットの一覧を見ると、出張で近くまで行っていた所が多かったし、これからも少しは行けるかもしれないと思ったが、いかんせん締め切りまでの時間がなかった。自らの計画性のなさを嘆きつつ、残念ながら、下駄をはくことができないままの受験申し込みとなってしまった。

申し込みをしてから、それまで以上に、真面目に『びわ湖検定』を読むようになった。時間があるときにページをめくっていただけという読み方が、申し込み後は毎朝出勤前に二問程度熟読するようになった。カラーマーカーで印を付けたりもしたが、年齢が理由なのか、そんなには覚えられなかった。受験までに『続・びわ湖検定』を読み終えて模擬問題集もやってみようと思っていたが、三分の二ぐらいまでしか読めなかった。受験の大変さを、改めて思い知ったわけである。

受験者向けのセミナーについては、申込書の説明で知った。『びわ湖検定』を読むよりも、人の話を聞くほうが楽だと思い、一回だけ参加することにした。三回行われたセミナーはすべて休日だったのだが、ほかの二回は都合がつかなかったのだ。滋賀県庁の新館で開催されたセミナーでは、会場を埋めつくす参加者の数にまず驚いた。私のような中高年が多かったが、なかには親子連れで来ている人もいた。何となくだが、真剣に取り組んでいる人が多いような気がした。

セミナーの講師は二人で、成安造形大学前学長の木村至宏氏と琵琶湖環境科学研究センター長の内藤正明氏であった。お二人とも一時間半の講演だったが、とてもおもしろく長いとは感じなかった。休憩時間、隣の女性から、「木村先生のレジュメに誤植があるのではないか」と尋ねられた。私には何のことやら分からなかったが、斜め前に座っていた男性が説明してくれた。お二方とも、昨年、二級にすでに合格されていたそうで、私とはレベルが違っていた。

せっかく参加したセミナーだったが、受験対策という意味ではそれほど役に立ったとは言えない。木村先生はいくつかヒントを教えてくれたが、それだけで合格できるわけではない。一方、内藤先生の話は、びわ湖検定の問題とは直接関係がないような気がしたが、私にとっては興味深いものだった。受験には役立たなかったとはいえ、セミナーに参加したことで滋賀県のことをもっと知りたいと思うようになった。びわ湖検定を主催している側の本当の狙いも、そんなところにあるのかもしれない。

言うまでもなく、滋賀県に関する新聞記事もよく読むようになった。滋賀県には地元紙がないので、〈京都新聞〉の滋賀版を読むことになる。これまで、仕事柄、経済面には目を通していたが、地域情報が載っている紙面はあまり読んだことがなかった。細かく見るようになると、滋賀版にも結構おもしろそうなことが書いてある。今の季節はここへ出掛けるとよいとか、あそこの何がおいしいとか、いろいろな情報を手帳に書き留めるようになった。

びわ湖検定を受験することは家内だけには話したが、周りの人には誰にも話さなかった。もともと受験を目的として『びわ湖検定』を読みはじめたわけではないし、合格するとはとても思えなかったので人に話すことは憚《はばか》られた。それに、たとえ合格しなくても恥ずかしくないので気楽だった。とはいえ、「ひょっとしたら合格するかも」と思って受験したというのが正直なところである。

受験のことはともかく、『びわ湖検定』は私にとってバイブルとなった。何も知らなかった私が滋賀県について少しは話せるようになったのは、この本に出合ったからである。

第2章

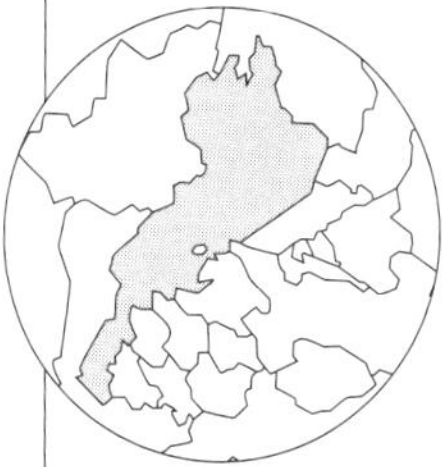

「びわ湖検定」を受験する

琵琶湖大橋。手前は「道の駅びわ湖大橋米プラザ」

『琵琶湖周航の歌』

住んでいたのは大津であるが、出張で湖西や湖北方面に出掛けることが多かった。湖西にもい、ろいろな思い出があるが、まずは今津にある「琵琶湖周航の歌資料館」のことから話をしたい。びわ湖検定の受験申し込みをしてから〈京都新聞〉を細かく読むようになったと先に書いたが、ある日、「琵琶湖周航の歌カレンダー」が発売されるという記事を見つけた。どこで売っているのだろうと見ると、琵琶湖周航の歌資料館だと記してある。『琵琶湖周航の歌』はウォーキングをしながら毎朝のように口ずさんでいたが、こんな資料館があることは知らなかった。住所が今津だったので、早速電話番号を手帳に控え、出張の際に行ってみようと思った。

しかし、それからしばらくは今津方面に出張する機会がなかった。三週間ぐらい経っただろうか、ようやく湖西にある会社を訪問する用事ができたので、資料館に寄ることにした。高島バイパスの途中から今津市街へ向かうと、今津港の手前にその資料館はあった。これまでにも近くまで来たことはあったが、単に気付かなかっただけである。時間があまりなかったので、カレンダーを一冊と『琵琶湖周航の歌』のCDを一枚買い求めた。実は、この歌のCDはもっていたが、六番までのフルコーラスのものではなかった。

カレンダーは六枚で一年分になっていて、一枚ごとに切り絵風の絵と『琵琶湖周航の歌』の歌詞が印刷されている。サイズは小さいが、私の趣味にはあっていた。会社の壁に掛けるつもりだったが、お客さんにお土産としてあげてしまった。仕方がないので、後日、再び資料館へ行き、お土産用と自分用にとまとめて一〇冊ほど買った。

フルコーラスが入ったCDは、結局、あまり聴くことはなかった。鼻歌で歌うのにはやっぱりインストルメンタル（歌なし）がいいと思い、『琵琶湖哀歌』とセットになったCDを改めて買った。このCDは出張のときなどに車の中でもかけてみたが、落ち着いた曲なので聴いていると気持ちが安らいだ。湖西へ出張した翌日に長浜へ行ったことがあり、CDを聴きながら「今日は今津か長浜か」という歌詞を思い浮かべて、思わず苦笑したこともある。

絵ハガキや一筆箋、手ぬぐいも買って

3月 MAR

日	月	火	水	木	金	土
·	1	2	3	4	5	6
7	8	9	10	11	12	13
14	15	16	17	18	19	20
21	22	23	24	25	26	27
28	29	30	31	·	·	·

4月 APR

日	月	火	水	木	金	土
·	·	·	·	1	2	3
4	5	6	7	8	9	10
11	12	13	14	15	16	17
18	19	20	21	22	23	24
25	26	27	28	29	30	·

琵琶湖周航の歌資料館で販売されていた2010年のカレンダー
〒520－1622　高島市今津町中沼１－５－７　TEL：0740－22－2108

いる。いずれも『琵琶湖周航の歌』の歌詞が書いてある。お礼状などを手早く書くには、絵ハガキがもってこいである。文章が短くても格好がつくし、滋賀県から届いたことがよく分かる。五〇円切手と一緒に持ち歩くと、いつでも出せるので便利だった。一筆箋のほうは、便箋代わりに使っていたらすぐになくなってしまった。ただ、手ぬぐいだけは、勢いで買ってしまったものの使いみちが見当たらず、ロッカーにしまったままとなっている。

自分用のカレンダーは、会社の応接ソファから見える壁に掛けた。部屋に来た人が何か言うかなと期待していたが、ほとんど反応はなかった。私と同じようにお土産として配る人がいるとは思っていなかったが、ある料亭で料理の残りを持ち帰りにしてもらったとき、その紙袋の中に「琵琶湖周航の歌カレンダー」が入っていた。女将さんの気遣いである。あまりのうれしさに、このカレンダーは自宅で使うことにした。

琵琶湖就航の歌資料館のこじんまりとした佇《たたず》まいが私は好きだった。派手な展示品はなく、お土産もそんなにたくさんの種類を置いているわけではない。商売っ気のないような感じが、私の性にはあっていたのだろう。湖西へ出張するたびに、時間があれば資料館にまた立ち寄りたいと思っていたが、そうそうそんな機会に恵まれたわけではない。湖西といっても、南に位置する新旭あたりまでで用事がすむこともあり、北にあるマキノまで出掛けるときには、高島バイパスから今津方面へ入るのは遠回りとなる。

とはいえ、休日に知人を連れていったこともある。二〇一〇年一月、大津でレンタカーを借りて今津まで行った。ある老舗料亭で鴨鍋を食べるのが目的だったが、実はその店も資料館で教えてもらった所である。知人と一緒に、資料館の展示品を初めて見た。考えてみれば、それまで私はお土産を買うばかりで、展示品は見ていなかったのだ。鴨鍋屋はすぐ近くで、朝から降っていた雪も大したことはなかったのだが、「だんだん雪が多くなる」と聞いたので、鴨鍋を食べたあとすぐに大津へ舞い戻った。

いろいろな機会に資料館のことを話したが、知らない人が多い。『琵琶湖周航の歌』を知らない人はさすがにいないが、資料館のほうはあまり知られていないようだ。たしかに、観光客で混んでいたという記憶はない。もっとも、私が行ったのは平日のお昼時や一月の雪の日といった、およそ観光とは関係のないときである。感じのいい受付の女性がいらっしゃる資料館、「一度は行ってみたほうがいい」と周りの人たちにすすめている。

今から思えば、なぜ琵琶湖周航の歌カレンダーをお土産に配る気になったのだろう。配ったところで、そんなに喜んでもらえるという保証はない。考えようによっては、私個人の趣味を押し付けているだけである。きっと、自分が暮らす滋賀県のことを知ってもらいたかったのだと思う。

それにしても、『琵琶湖周航の歌』は本当にいい歌である。先ほども述べたように琵琶湖畔を歩くときには自然と口ずさんでいたが、「さすらいの旅にしあれば」や「行方定めぬ浪枕」といった歌詞が、転勤族の身の上を表しているように感じられた。カラオケで歌ったこともあるが、やはり鼻歌で適当に歌っているほうが気楽でいい。それに、『琵琶湖周航の歌』を歌うと不思議と気持ちが和んだ。私にとっては、心の支えとなった歌である。

最大の島

長命寺のことは、二〇〇九年一〇月の半ば、何年振りかで秘仏が公開されているので、興味があれば早く見に行ったほうがよい、と聞いたのが最初だったと思う。

なるべく早く見に行きたいと思ったが、なかなか長命寺の近くまで行く機会がなかった。地図を見るとよく分かるが、長命寺は琵琶湖のすぐ傍にあって、名神高速からはかなり離れた所に位置している。湖岸道路沿いに大津から行ったとしても、相当時間がかかる。機会を待っていてはどんどん日が経ってしまうので、少し遠回りになるが、彦根へ行った帰り道に立ち寄ることにした。たしか、一一月四日だったと思う。

彦根から、湖岸道路沿いに長命寺をめざした。安土あ

長命寺の石段。㈳びわこビジターズビューロー
〒523－0808　近江八幡市長命寺町157
TEL：0748－33－0031

長命寺のご朱印

たりで湖岸から少し離れたあと、再び湖岸近くを走ることになる地点に小高い山があり、その山頂に長命寺はある。本来ならば麓から歩いて登ったほうがよいのだろうが、時間がないので中腹の駐車場まで車を走らせた。そこからでも、かなり石段を上らなければならない。ほどなく山門に着くと、秘仏の公開は一〇月末で終わっていた。まさにタッチの差で、もう少し早く来れば……
……と悔やんだ。

　長命寺は西国三十三カ所の三十一番である。秘仏を見たいということばかりを考えていたため、札所めぐりのことを忘れていた。そのためご朱印帳は持ってきておらず、仕方なくご朱印が押してある紙を二枚買った。一枚は家内へのプレゼントである。窓口の人に、「秘仏が公開されていると聞いて来たが、間にあわなかった。次に公開されるときまでは生きていないと思う」と愚痴を言ったら、「この寺に祀られている武内宿禰《たけうちのすくね》は三〇〇年生きたから大丈夫」と慰められてしまった。

　急いでいたので、足早に石段を下りはじめた。少し下った所で、ふと、長命寺からは眼下に琵琶湖が一望できることを思い出した。引き返そうかと思ったが、そんな時間はない。よく晴れていた日だけに、きっと素晴らしい眺めであっただろう。秘仏を見ることやご朱印のことばかり考えて、長命寺そのものを楽しむということを忘れてしまっていた。

　眺めがいいのには訳があった。あとになって、長命寺のある所はかつて島だったということを知った。琵琶湖最大の内湖《ないこ》だった「大中《だいなか》の湖《こ》」の干拓により今は陸地とつながっているが、その昔、長命寺へは船で渡っていたのだ。年配の人から、小学校の遠足か何かで長命寺へ船で行ったが、遭難してしまい、救助してもらったという話も聞いた。『琵琶湖周航の歌』に、竹生島と並んで長命寺が歌われているのも頷ける。

現在、琵琶湖には四つの島がある。そのうちの一つである「沖《おき》の白石《しらいし》」は岩礁《がんしょう》なので、本当の意味での島は、南から「沖島《おきしま》」、「多景島《たけしま》」、「竹生島《ちくぶじま》」の三つしかない。長命寺のある所が島であれば、「沖島」と比べてもはるかに大きく、最大の島であったことはまちがいない。もっとも、広い運河（狭いところでは川ぐらい）のような内湖で陸地と隔てられているだけなので、島という感じはあまりしなかったのかもしれない。こんな歴史、長命寺を訪れる観光客のうちどれだけの人が知っているのだろう。

干拓や埋め立ては、周囲の風景を一変させてしまう。「大中《だいなか》の湖《こ》」が干拓されたせいで、安土城が琵琶湖と濠でつながった水城だったことが分かりづらくなっている。大津にしても、京阪電車の線路から琵琶湖側、琵琶湖ホテルや西武ショッピングセンターがあるあたりはすべて埋め立てだと聞いた。線路沿いの道路に「湖岸道路」という名前がついているのも、まさにその通りということになるのだろう。今でも、琵琶湖の元々の湖岸が残っている所はあるのだろうか。

秘仏の公開のことを聞かなければ長命寺へは行かなかったと思う。西国三十三カ所の札所については、大津に来てからいくつかのお寺をお参りしたが、元気がなくなってからはすっかり足が遠のいていた。周囲の人に聞いても、三井寺や石山寺へは行ったことがあるが、長命寺となるとなかなか行くことはないようである。このときの機会を逃していたら、行けないままだったかもしれない。

いつか、麓から石段を上って長命寺へ行きたいと思っている。秘仏は見られなくても構わない。天気のいい日に、かつては島であったことに思いを馳せながら琵琶湖の眺望を楽しんでみたい。そのあと、船に乗り、次は琵琶湖から長命寺を見上げてみたい。

近江聖人

滋賀県出身の山本氏と話しているときに安曇川《あどがわ》の話になって、藤樹《とうじゅ》神社へ行くようにすすめられた。なぜすすめられたのかよく分からなかったが、湖西に行くときに寄ってみることにした。

安曇川の道の駅の近くに藤樹神社はある。普段からお参りする人がそれほどいないのか、私が行ったときは誰もいなかった。鳥居をくぐって手を清めて拝殿に向かって進むと、左手に神社建立に関する碑があった。たしか、中国や韓国からも寄付があったことが記されていたように思う。ここに祀られている人はさぞかし立派だったんだろうなと思いながら、お参りをすませて駐車場へ戻ったが、駐車場のわきに中江藤樹記念館があったのでなんとなく立ち寄ってみた。

記念館の受付で入館料を支払っているとき、「致良知《ちりょうち》」という言葉が目に入った。たまたま〈致知〉という雑誌を読んだばかりだったので、何か関係があるのかと思って尋ねてみた。そうすると、奥のほうから年配の男性が現れて、いろいろと話をしてくださった。この時点では、この人が館長だとは知らなかった。変わった客が来たと思われたのか、そのままなりゆきで記念館を案内してもらった。おかげで、中江藤樹（一六〇八〜一六四八）という人物に興味をもつことになった。

中江藤樹は、わが国における陽明学の祖と言われている。記念館には陽明学者の系図のようなものがあって、中江藤樹に師事した熊沢蕃山《くまざわばんざん》（一六一九〜一六九一）のほかにも大塩平八郎（一七九三〜一八三七）や吉田松陰（一八三〇〜一八五九）の名前があった。陽明学という言葉を遠い昔に聞いた記憶はあったが、そのときは王陽明（一四七二〜一五二八）という人の名前しか思い出せなかった。ただ、大塩平八郎も吉田松陰も為政者《いせいしゃ》に逆らって非業の死を遂げていたので、へそまがりの私は、陽明学を学ぶと反体制になりやすい傾向があるのかなと考えて

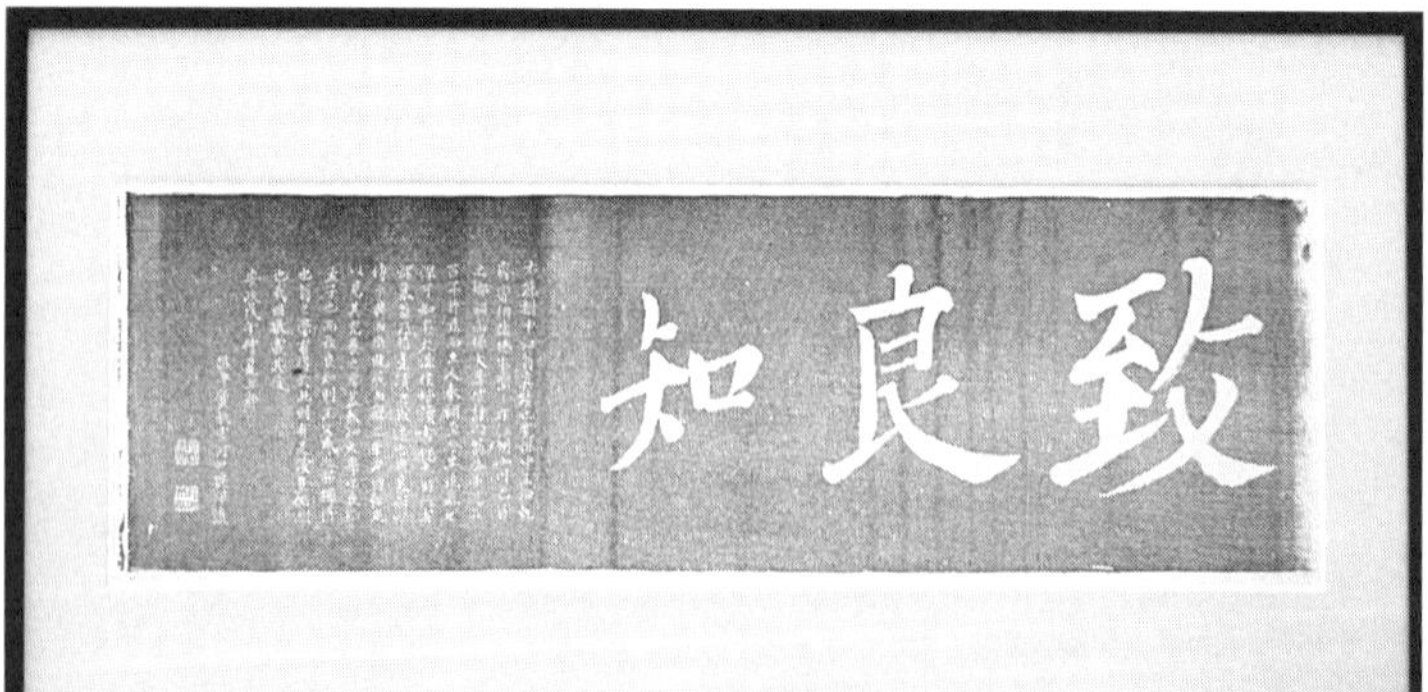

館長からもらった中江藤樹の碑文の拓本を額装したもの。
中江藤樹記念館。〒520－1224　高島市安曇川町上小川69
TEL：0740－32－0330

しまった。

記念館の入り口に戻ると、参考図書がいろいろと置いてあることに気付いた。何か一冊買って帰りたいと思って館長に尋ねると、『物語　中江藤樹』がいいとすすめられたが、その本は藤樹書院でしか売っていないということだった。

藤樹書院は、神社からは少し離れた所にあった。中江藤樹が教えていた建物を再現した建物で、中には本人や家族の位牌のようなものが祀られていた。お寺や神社じゃなくて普通の家に置いてあったので、少し気味が悪かったことを覚えている。

お参りしたあとに、隣にある休憩所に入った。休憩所には、中江藤樹に関する本だけではなく直筆の書を額や扇子にしたものも売っていた。扇子でも買おうかと思ったが、結局『物語　中江藤樹』を買うことにした。松下亀太郎という小学校の先生だった人が書いたもので、中江藤樹について美化せず事実に即して書いてある、とのこと

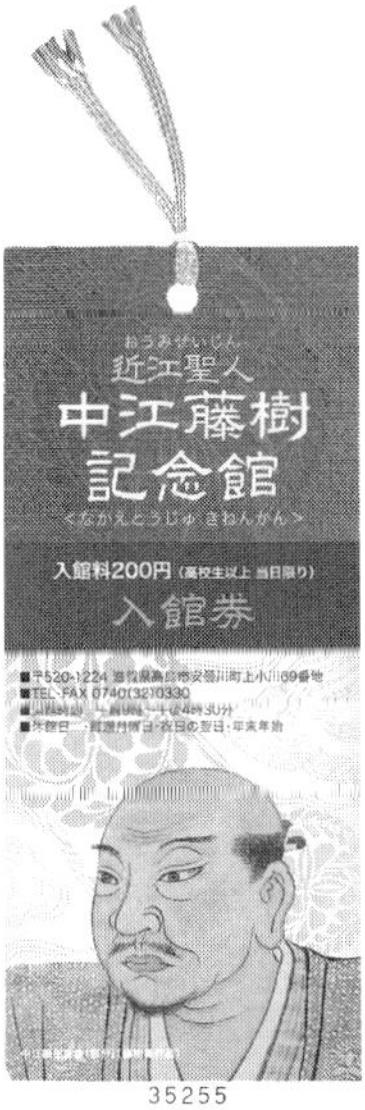

35255

『物語　中江藤樹』（藤樹書院、1997年）と中江藤樹記念館の入館券。
〒520－1224　高島市安曇川町上小川225－1
TEL：0740－32－4156

だった。帰ろうとすると、来訪した記念ということで記帳をすすめられ、持っていた万年筆で記帳した。

陽明学は、理論より実践を重んじる学問と言われている。大塩平八郎や吉田松陰が取った行動にもその影響が感じられる。彼らには、目の前の状況を見逃すことができなかったのだろう。中江藤樹は、日々の暮らしのなかで自らの理想とする生き方を実践しようとした。その徹底した生き方は、まさに「近江聖人」と呼ばれるにふさわしい。難解な言葉や特別な修業を通してではなく、平易な言葉で人間本来の姿を求めた姿勢には頭が下がる。

記念館でもらった紙に書かれていた「五事を正す」という教えは次の通りである。

貌《ぼう》…心をこめてやさしく和やかな顔つきで人と接しましょう
言《げん》…温かく思いやりのあることばで相手に話しかけましょう
視《し》…心をこめて温かいまなざしで人を見、物を見るようにしましょう
聴《ちょう》…相手の話に心をかたむけてよく聞くようにしましょう
思《し》…まごころをこめて相手のことを思いましょう

中江藤樹の教えはこの言葉に凝縮されている、と言える。一見、当たり前のような気がするが、現実にこの通りできているかというとはなはだ疑問である。私は、会社の机のデスクマットに置

いて毎朝読むことにした。また、縮小コピーをして手帳の間に挟んで持ち歩くようにもなった。自意識過剰になっていると感じたときなど、ときどき手帳から取り出して眺めては自分を戒めていた。この習慣は今でも続いているが、藤樹先生のような境地にはまだ至っていない。

「五事を正す」と書かれた紙は、コピーをして数人の人にわたした。中江藤樹のことを知っている人は滋賀県以外では少なかったが、誰からも「よいことが書いてある」と好評だった。同じような内容のものはほかにもあるが、「貌・言・視・聴・思」という形にして、日常的に実践できるようにした藤樹先生の発想は素晴らしい。私にとってはおまじないのようなもので、重要な仕事の前には思わず口にしてしまう。

帰り道、安曇川《あどがわ》の道の駅で「よえもん（与右衛門）君」のピンバッジを買った。与右衛門とは中江藤樹の幼いころの呼び名で、子ども姿のピンバッジが三種類あったのでまとめて全部買った。ほかにも、湖西の間伐材でつくった「よえもん君」のストラップを見つけたので、今もケータイに付けている。「藤樹」という名前の日本酒もあったように記憶しているが、恐れ多くて飲む気になれない。ものにこだわるようでは、まだまだ未熟である。

藤樹神社へはあと三回、合計で四回行っている。最後は東京への転勤が決まったあと、藤樹先生へのご挨拶のつもりでお参りをした。藤樹神社へ行かなければ記念館に行くこともなかっ

よえもん君のストラップ

たし、館長から『物語　中江藤樹』をすすめられなければ藤樹書院へ行くこともなかった。ほんの少しの偶然が重なって現在の状況に至っていることに、運命的なものさえ感じている。藤樹神社の存在を教えてくれた山本氏も、こんなことになるとは思っていなかったにちがいない。

紅葉狩り

紅葉のころ、琵琶湖を囲む山々は一斉に色づき、本当に見事な景色となる。着任して一年目の秋は元気がなく、どこへも出掛ける気にはならなかったが、元気を取り戻した二年目はポジティブに活動した。

滋賀県で「紅葉狩り」と言えば、湖東三山ということになる。一度は見たほうがいいと言われていたが、休日ともなれば車がとんでもなく渋滞すると聞いていたので、正直言って少しためらわれた。湖東三山は、北から西明寺、金剛輪寺《こんごうりんじ》、百済寺《ひゃくさいじ》と続いており、その南に永源寺がある。私より一年早く大津で暮らしている芝野氏に聞いてみると、「湖東三山はたしかに有名だが、個人的には永源寺が一番よかった」と言っていた。ただ、「できれば平日のほうがよい」というアドバイスも同時に受けた。

たまたま出張で近くまで行く機会があったので、昼休みの時間に永源寺へ行ってみた。平日なので空いているだろうと思ったが、その考えは甘かった。ちょうど紅葉が盛りのころで、観光バスで来たと思われる団体客でかなりの混雑を呈していた。本堂まで行こうとすると、少し石段を上らなくてはいけない。お年寄りの方も多く、杖をつきながらゆっくり石段を上っている。あまり時間がなかった私は、人混みをかき分けるように急ぎ足で上っていった。

たしかに、紅葉は素晴らしかった。石段の両側から伸びた枝もきれいだったし、お寺の建物と一体になった紅葉は一枚の美しい絵を見るような感じであった。ゆっくりと眺めていたかったが、いかんせん時間がなかった。手早くお参りをすませると、すぐに石段に向かった。途中にある土産物屋で紅葉の写真が印刷されている切手を買って、再び人混みをかき分けるように石段を

西明寺：〒522－0254　犬上郡甲良町池寺26　TEL：0749－38－4008
金剛輪寺：〒529－1202　愛知郡愛荘町松尾寺874　TEL：0749－37－3211
百済寺：〒527－0144　東近江市百済寺町323　TEL：0749－46－1036
永源寺：〒527－0212　東近江市永源寺高野町41　TEL：0748－27－0016

下った（三四ページ参照）。

時間がかぎられていたために駆け足の訪問になったが、あんなに混んでいては、たとえ時間があったとしても紅葉をゆっくりと楽しむ気にはなれなかったかもしれない。紅葉を見に行ったというよりも、紅葉を見に来た人波を見に行ったような気がする。そんな感想をある人に話したら、「永源寺は新緑のほうがいい」と教えてくれた。同じ木の葉なのに、紅葉ばかりがもてはやされている。次は、永源寺の新緑の景色を静かに楽しみたい。

紅葉の名所は、湖東三山や永源寺だけではなく、琵琶湖の西側にある日吉大社や西教寺《さいきょうじ》も有名である。永源寺に行って少し経ってから西教寺にも出掛けたが、それほど混んではいなかった。滋賀県では、神社仏閣にかぎらず山を見ればどこも色づいている。名神高速を湖北へ向かいながら、「ここから見える紅葉が一番美しいのではないだろうか」と思ったことさえある。

永源寺のあと、少し南にある日野町まで足を延ばした。日野町と言えば蒲生氏郷（一五五六～一五九五）である。町の中心部には銅像が立っている。人質として織田信長のもとへ送られながら、信長の次女の冬姫と結婚したというのだから、信長にはとても気に入られていたのだろう。きわめてすぐれた武将で、日野、松坂の城主を経て、会津若松で四〇万石の大名になったあと、

蒲生氏郷（『日本橋の近江商人』39ページより）

四〇歳の若さで亡くなっている。病死ということになっているが、その才能に嫉妬した豊臣秀吉（一五三七～一五九八）が毒殺したという噂があるのも頷ける人物である。

日野商人たちは、蒲生氏郷のあとを追うように松坂や会津若松へ移住したというから、いかに慕われていたのかが分かる。信長の楽市楽座のように、蒲生氏郷も商工業の重要性を理解して地場産業の振興を進めていた。会津塗りの元となった日野の漆器が有名である。漆器は買わなかったが、道路沿いの薬局で漢方薬を買った。日野商人として有名な正野玄三（一六五九～一七三三）が開発した「萬病感應丸《まんびょうかんのうがん》」である。ここに来るまで知らなかったが、水戸黄門が印籠に入れていた薬だという。

薬局で応対してくれたのは、大正一桁生まれのお母さんだった。まだまだお元気で、私のと

「首より上の薬」の箱

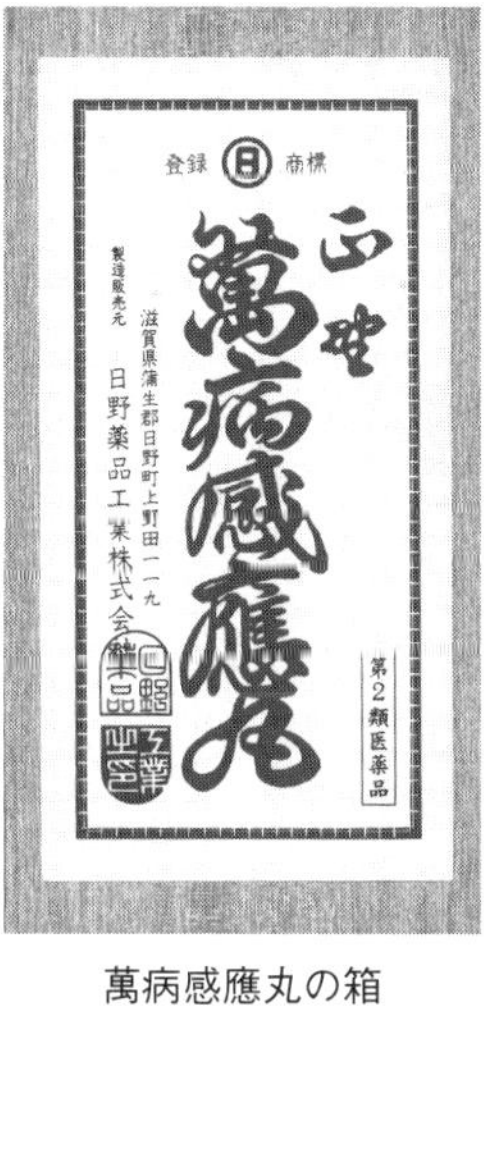

萬病感應丸の箱

りともない話に付き合ってくださった。ドラッグストアでの買い物も悪くないが、薬はやはり薬局のほうが似合っている。ついでに、「首より上の薬」という便秘薬を買った。便秘になると鬱血《うっけつ》してのぼせるので、「首より上」ということらしい。この名前で、便秘薬と思う人はいないだろう。洒落がきいていて、なかなかおもしろい。薬局のお母さんがお元気なうちに、また「萬病感應丸」を買いに日野町まで行きたいと思っている。

朔日《ついたち》参り

大津へ着任して早々、多賀大社の万灯祭《まんとうさい》へ家内が息子を連れていったが、私自身は、一年以上経っても多賀大社には行ったことがなかった。

家内はお参りや祈祷といったことが大好きで、多賀大社のことも当然調べていた。天照大神の両親である伊邪那岐大神《いざなぎのおおかみ》と伊邪那美大神《いざなみのおおかみ》が祀られており、伊勢神宮の親のような珍しい存在であると言っていた。神社好きの家内にとっては、夫の大津支店勤務は最高の機会であったにちがいない。引っ越しの手伝いと言いながら、本当は多賀大社へ行きたいという思いがきわめて高かったのだろう。そうでなければ、地図の読めない家内が案内もなしに彦根まで出掛けるはずがない。

しかし、私にとってはそんなことはどうでもよかった。伊邪那岐命とか伊邪那美命とか言われても、神話の世界の話で何のことかよく分からない。有名な神社だというが、わざわざ出掛ける気にはならなかった。そんな私が、ひょんなことからお参りをすることになった。若手経営者の宮嶋氏から話を聞いたのがはじまりだった。その話というのは、「今日は一日なので、早朝に多賀大社へお参りに行ってきた」というものだった。

宮嶋氏によると、「毎月一日は、朝七時から多賀大社へお参りができる」ということだった。そんなことが本当にあるのだろうかと思って、一二月一日に行ってみることにした。しかし、朝七時までに多賀大社へ行くのはとても大変であった。六時前にJR膳所《ぜぜ》駅から琵琶湖線の始発に乗って彦根に向かったが、なかなか夜が明けてこない。南彦根あたりでやっと明るくなってきた。彦根駅からは近江鉄道で多賀大社まで行こうと考えていたが、始発に乗っても七時には間にあわない。仕方がないのでタクシーにした。

多賀大社に着いたのは、ちょうど七時だったと思う。鳥居をくぐって手を清め、拝殿のほうへ向かった。人

多賀大社の万灯祭。〒522－0341
犬上郡多賀町多賀604　TEL：0749－48－1101

の流れに従って進むと拝殿脇の建物に入った。記帳をしたらすぐに拝殿へ行くように言われ、建物の奥へと進んだ。拝殿には、すでに三〇人ぐらいの人が座っていた。宮嶋氏も来ているのではないかと探して見たが、それらしい人はいなかった。「今回は都合がつかなかったのかな」と思いながら、朔日参りに間にあったことを単純に喜んでいた。

ほどなく神主が来て、祈祷がはじまった。祈願料も払っていないのに、通常の場合と同じように住所や名前を読み上げてくれた。なかには、遠くの他県から来ている人もいた。きっと、彦根あたりに宿泊しているのだろう。働き盛りの男性が多かったが、妙齢の婦人もいた。みなさんいったい何をお祈りになるのだろうと思いつつ、いつも通り家族が幸せで仕事がうまくいくようにとお祈りした。

参拝者を代表して一人が玉ぐし奉奠《ほうてん》を行ったあと、神主さんからのお話をうかがった。今年の朔日《ついたち》参りは今日が最後で、一月一日は初詣のため、次回は二月一日ということだった。お話を聞いたあと、拝殿の裏を回って外に出た。社務所が早朝から開いていたので、ご朱印が押された紙を二枚買っておみくじを引いた。ついでに石に願い事を書いて奉納したりしていたら、すっかり時間が経っていた。

お参りのあとは近江鉄道で彦根駅まで行き、JRに乗り換えて長浜に行く予定にしていたが、

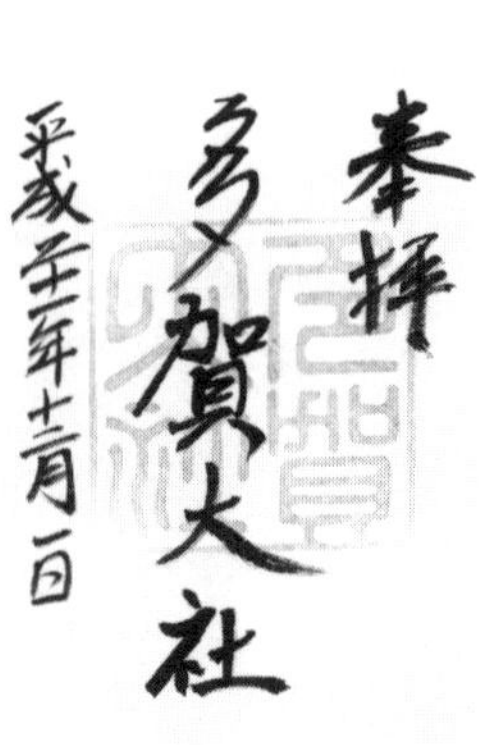

多賀大社のご朱印

電車に乗り遅れてしまった。では、タクシーと思ったが、神社の入り口付近に乗り場はないし、道路に出てもまったく見当たらない。仕方がないので、鳥居前の土産物屋でタクシーを呼んでもらうことにした。ところが、タクシーがなかなか来ない。こんな早朝に多賀大社からタクシーに乗る客などいないので、最寄りの近江鉄道の駅にもタクシーはいなかったのだ。わざわざ彦根から呼んだので二〇分ぐらいかかった。

土産物屋で「糸切餅」を買った。糸で一口大に切っていくことから、この名前が付いたらしい。『続・びわ湖検定』によれば、白餅の表面に青・赤の色餅が貼られ、三本線の模様となっているのは、鎌倉時代の元寇《げんこう》（文永の役・一二七四年、弘安の役・一二八一年）の際、元軍の退散を祈願したことに対する返礼として、幕府から敵船の一部が同社に奉納された故事にちなみ、元軍の船印を模したと伝わっている、とのことである。「糸切餅」は生餅なので日持ちがしない。その日のうちにできるだけ食べるように、と言われた。

多賀大社のご朱印が押された紙は、一枚を自分用に、もう一枚は家内にわたすつもりだったが、大変お世話になっていたS氏が入院されたという話をこのころに聞いた。しばらくお目にかかっておらず、心配していた矢先だったので、ご利益が延命長寿となっている多賀大社のご朱印が押された紙を差し上げることにした。家内は多賀大社へお参りしているので、すでにご朱印を持っているはずである。

後日、朔日参りのことを教えてくれた宮嶋氏に、一二月一日の七時に多賀大社へ行ったと話したら驚いていた。「拝殿でお会いできるかもと思っていた」と伝えると、毎月一日にお参りはしているが、まず出社して用事をすませてからになるので七時には行っていないと言う。道理で、探しても見つからなかったわけである。気合を入れて行ってきた自分が少し恥ずかしかった。

とても苦労して行った朔日参りであるが、「もう一度ぐらいは行ってもいいかな」と思っていた。実は、六月一日が私の誕生日なので、次回はその日にしようと考えていた。夏至が近くなるので、早朝の明るさもだいぶ違うだろう。膳所《ぜぜ》駅から琵琶湖線の始発に乗るのが大変であれば、彦根駅あたりで前泊するという手もある。かなり前向きに検討していたのだが、東京に転勤となってしまった。

七時からお参りできるという話を聞かなければ、朔日《ついたち》参りはしなかったと思う。たぶん、一二月一日に行っていなければ行くことがなかったかもしれない。大津在住の人でも、多賀大社の朔日参りをした人は少ないのではないだろうか。

琵琶湖県

県庁所在地の駅前としては、大津駅前がもっとも「シャビイ」と思われていると先に書いたが、ほかの都市では味わえないここのよさは、県の中心にある琵琶湖を見なければ分からない。

たしかに、ＪＲ大津駅の近くには県庁と裁判所ぐらいしかない。西武ショッピングセンターやパルコへは隣の膳所駅から行くほうが近いし、市役所やびわ湖毎日マラソンで有名な皇子山《おうじやま》陸上競技場へは、琵琶湖の西側にある大津京駅が最寄りとなっている。そして、大津港や琵琶湖ホテルへ行くには、京阪電車の浜大津駅が便利である。これらの施設がもう少し近くにまとまっていればいいのにと思ったりもしたが、平地がかぎられているので、そんなに簡単にはいかなかったのだろう（一四一ページの地図参照）。

天智天皇による大津京は別にして、明治以降、この地の中心は浜大津だったらしい。琵琶湖の水運を利用した交通の要衝として、かつての繁栄は今から想像ができない。戦後もしばらくは浜大津のほうが賑やかだったようだが、次第にさびれていった。今でも都市銀行の支店や地方銀行の本店は浜大津にある。昔のことに詳しく物知りな田畑氏は、浜大津周辺で白社ビルを取得しようとしたが、値段が高すぎたので、当時は県庁しかなかったＪＲ大津駅前にしたと話していた。

では、現在の大津市内はというと、浜大津にしてもＪＲ大津駅前にしても、やはりいまひとつぱっとしない。本当のよさは、琵琶湖を見なければ分からないのだ。ＪＲ大津駅の改札口を出ただけでは琵琶湖を見ることはできないが、緩やかな坂を一〇分も下れば湖畔に辿りつく。晴れた日に眺める琵琶湖はとくに素晴らしい。県庁所在地で、これほど立地に恵まれた都市をほかに知らない。もし、ＪＲ線が琵琶湖の近くを走っていたら、大津駅前の印象はかなり違ったものとなっていただろう。

琵琶湖は言わずと知れた日本最大の湖である。世界の淡水湖のなかで面積は一二九位ということのようだが、日本では圧倒的に大きく、二位の霞ヶ浦の約四倍もある。淡路島がすっぽり入ると言えば、その大きさが分かるだろう。長浜在住のある人は、「琵琶湖に比べたら諏訪湖や猪苗代湖は池みたいなものだ」と話していた。身びいきの分を差し引いても、そう言いたくなる気持ちがよく分かる。いにしえの人が「淡海」と呼んでいたのも無理からぬことだ。

滋賀県がどこにあるのかを知らない人がいても、琵琶湖がどこにあるのかは知っているだろう。毎日、天気予報で日本列島の地図を見るたびに、自然と琵琶湖が目に入ってしまう。私自身、琵琶湖がどこにあるのか教わったような気がしない。ほとんどの日本人が、物心つくころには琵琶湖がどこにあるのかを知ってしまうのではないだろうか。会社社長の石田氏は、県名を「琵琶湖県」に変えてはどうかと話していた。たしかに、知名度は格段に上がる。

琵琶湖は、滋賀県の全面積の六分の一を占めている。このことは県内では常識だが、県外ではあまり知られていない。私自身もそうであったが、県外の多くの人は、琵琶湖が滋賀県の面積の二分の一ぐらいを占めていると思っている。地図をよく見ると、甲賀や日野など湖東や湖南の陸地部分が意外に広いことが分かるが、やはり琵琶湖が大きく見えてしまう。水色で塗られているため、目の錯覚で大きく見えるのかもしれない。

長浜から先の湖北方面へ出張する場合には、所要時間が片道一時間から一時間半かかる。名神高速が琵琶湖沿いではなく内陸を走っていることもあり、思ったより時間がかかるのだ。湖西方面にしても、琵琶湖西縦貫道路が全部つながっていないせいもあって、今津やマキノまで行くと湖北方面と同じぐらいの時間がかかる。赴任当初、地図で見るよりも遠いと感じたのは、琵琶湖の大きさに慣れていなかったからだと思う。こんなに大きな湖を身近に経験したことがないので、距離感がつかめなかったのだ。

水平線ができるということからも、琵琶湖の大きさが分かる。私も、堅田のとある場所から琵琶湖を眺めたが、竹生島は水平線の下に隠れて見えなかった。東と西の両側に水平線ができる所があると聞いたが、実際に確認することはできなかった。そこからは、水平線から昇る太陽が水平線に沈む光景を見ることができるという。半島のように海に突き出ていればそういうこともあるのだろうが、湖の場合、日本では琵琶湖しかあり得ない。

琵琶湖は日本最古の湖でもあり、約四〇〇万年前に誕生したとされている。世界最古は、ロシア東部にあるバイカル湖で約三〇〇〇万年前とされており、その次はアフリカ南東部にあるタンガニーカ湖で、約二〇〇〇万年前とされている。誕生から一〇〇万年以上経ったものが

琵琶湖大橋から見る水平線

古代湖とされ、バイカル湖、タンガニーカ湖には遠く及ばないが、淡水湖ではこれらに次ぐ世界で三番目に長い歴史をもつと言われている。一般的な湖の寿命は長くても数万年とされているから、その歴史は半端ではない。

琵琶湖は、もともと三重県の伊賀市あたりにできたものが、徐々に北へ移動しながら形を変えて約四〇万年前にほぼ現在の形になったらしい。かつて湖があった所は「古琵琶湖層」と呼ばれる地層になっていて、さまざまな化石が発見されている。ちなみに、瀬田駅から徒歩一五分ぐらいの所で古琵琶湖層を掘削して温泉を汲み上げているが、名前が「ニューびわこ」というのがおもしろい。今でも琵琶湖は北へ移動していて、やがては日本海へとつながるという。

環境という面でも、琵琶湖ではいろいろな取り組みがなされている。かつては汚染がかなり進んだが、現在ではずいぶん水質が改善されている。なぎさ公園あたりの南湖も十分きれいだと思うが、北湖の一番深い所では深層水をそのまま飲むことができるとも聞いた。近江八景のもとになったのは中国の洞庭湖《ドンティンフー》あたりの風景とされているが、本家本元の洞庭湖は今では見る影もないらしい。中国から来た人が琵琶湖を見ると、なぜこんなにきれいなのかと驚くという。

たくさんの内湖を埋め立てたことや湖岸堤として湖周道路を造ったことなどでヨシの群落が失われ、ブルーギルやブラックバスなどの外来種の魚が持ち込まれたことによってフナやモロコ（コイ科）が減少したことは否めない。それでも、人間が環境保全のため水質浄化に取り組めば、琵琶湖は自ら回復する力をもっている。大きな琵琶湖では、人智の及ばない自然の営みが何万年前からずっと繰り返されているにちがいない。

　滋賀県の人は、どこにいても琵琶湖を感じずにはいられない。「湖東」、「湖西」、「湖南」、「湖北」と呼ぶこと自体、琵琶湖を中心として考えられていることの証《あか》しにほかならない。果物のマンゴーには真ん中に大きな種があり、それがなければ実がもっとたくさん食べられると思うが、種がなくてはマンゴーが育たない。滋賀県も同じである。仮に琵琶湖がなければ土地がもっと広くなって、県内の往来も楽になるかもしれないが、それでは他県と何も変わらなくなってしまう。

　こんなことを考えていると、たしかに「琵琶湖県」と名前を変えたほうがいいように思えてくる。県民意識の向上や地域活性化の促進につながるかもしれない。

近淡海

　考えたこともなかったが、琵琶湖はかつて違う名前で呼ばれていた。大津に勤務するまで琵琶湖について何も知らなかったが、琵琶湖はあくまで琵琶湖であり、その名前に疑問を挟む余地などなかった。

『古事記』では、現在の滋賀県を示すものとして「淡海国《あはうみのくに》」や「近淡海国《ちかつあはうみのくに》」という言葉が用いられているらしい。当時の人々にも、海のように大きな水域の存在は当然知られていただろうし、それが海と違って塩水でないことも、きっと分かっていただろう。並外れて大きな淡水湖は、それだけで十分珍しい存在であったにちがいないし、その周辺の地域を示す言葉になったのもごく自然な流れのような気がする。

古代、琵琶湖を初めて見た人は湖だと思っただろうか。現在では、大津港のあたりから眺めると左右の湖岸が見えるので湖という感じはする。しかし、琵琶湖西縦貫道路を走る車の中から初めて見たときは、多くの島がある瀬戸内海に似ているように思えた。曇っていて対岸が見えないと、その先に陸地があるかどうか分からない。晴れの日、対岸が見えてもそれが島でないとは言い切れない。その昔、日本海から山を越えて琵琶湖に着いた人々は、また海に出た、と思ったのではないだろうか。

水が貴重な資源であることは今も昔も変わりはない。古代の人々にとって、淡水湖は生活するうえで圧倒的に便利なものであっただろう。縄文時代や弥生時代の遺跡がたくさん見つかっていることが、それを如実に示している。古代の稲作は、琵琶湖に近い湿地帯で行われていたようだ。現在でも、琵琶湖の水だけを利用している農地面積の割合は三〇パーセント、琵琶湖の水を補給する農地を含めると半分近くになるというから、水源としていかに重要であるかが分かる。

「近淡海国」というからには「遠淡海国《とほつあはうみ》」もなくてはならない。以前から、近江に対応して遠江があり、静岡県西部のことを指していることは知っていた。そこに浜名湖があるので、京都から近いか遠いかの違いで、琵琶湖と浜名湖が対照的に捉えられていることも何となく分かっていた。ただ、浜名湖はウナギの養殖で知られている通り海とつながっており、淡水か否かは関係なく、単に大きな水域として両者が並び称されていると思っていた。

しかし、浜名湖がかつて淡水湖であったと『続・びわ湖検定』で知ったときは、正直驚いた。現在は海水と淡水が入り混じった汽水湖であるが、一四九八年の地震で発生した津波によって太平洋とつながったとされている。そういうことであれば、万葉の時代にはまさしく遠淡海であったことになる。鉄道も自動車もない時代に琵琶湖と浜名湖を比べることができた、古代人のスケールの大きさが新鮮だった。

浜名湖があるのは静岡県浜松市である。大津市から浜松市までの距離が、琵琶湖の湖岸線の全長である約二三五キロメートルとほぼ等しいことも『びわ湖検定』で知った。偶然にすぎないのだろうが、琵琶湖と浜名湖の関係を考えると不思議に感じられる。いずれにしても、近淡海であれ遠淡海であれ、淡水湖は特別な存在であったのだろう。「近江」という国名も「淡海」に由来するというから、やはり滋賀県は、淡海県＝琵琶湖県ということになる。

「淡海」である琵琶湖は、水運という点でも重要であった。「日本海から山を越えて琵琶湖に着いた人は、また海に出た、と思ったのではないだろうか」と書いたが、海にしては波があまりないと感じたことだろう。琵琶湖でもかなり波立つことはあるが、日本海の荒波とは比べようもない。琵琶湖はよほど荒天でないかぎり航行ができる。この点、水運上きわめて有利となる。

近代になって鉄道が整備されるまで、運送の主役が船であったことは言うまでもない。ましてや古代においては、陸路よりも水路のほうがはるかに便利であっただろう。単に重い荷物を運べるというだけでなく、スピードや安全という面でも水運を優先したにちがいない。しかし、水運は天候や海流に左右され、その影響は外海のほうがより大きい。内陸に位置する琵琶湖が果たした役割は、想像以上に大きいと思われる。

水運と言えば瀬戸内海である。朝鮮半島から京の都へ行くルートとしては、島伝いに壱岐・対馬を経て九州へわたり、関門海峡を通って瀬戸内海を進むのが一番自然である。外海に比べて波が穏やかで、東風を利用すればかなり早く進むことができただろう。古くから親交があった新羅や百済の人々の多くは、事実、そのルートを通ってやって来た。また、六六三年の有名な白村江《はくすきのえ》の戦いで敗れた百済からの亡命者も、同じようにして近江に移り住んだと思われる。

しかし、同じ朝鮮半島でも、北部にあった高句麗の場合はどうだったのだろうか。日本海側から船を出して海流に乗れば、北陸の海岸に漂着しそうな気がする。今でも、北陸の海岸には北朝鮮からの漂着物が少なくないと聞く。敦賀あたりに着けば、山を一つ越えるだけで琵琶湖である。琵琶湖で船に乗って大津あたりまで行けば、奈良や京都もそんなに遠くはない。そう考えると、瀬戸内海のほかにも琵琶湖を通るルートがあったのではないだろうか。

百済は六六〇年、高句麗は六六八年に、それぞれ新羅によって滅ぼされた。百済再興をかけて白村江で戦って敗れた日本が、新羅に対抗するために高句麗と結んだとしても不思議ではない。奇しくも、中大兄皇子（のちの天智天皇）による大津京への遷都は六六七年である。高句麗との連携を強化するためには、琵琶湖に面した大津が便利だったのではないだろうか。しかし、その高句麗も滅ぼされてしまったため大津に都を置く必要がなくなり、六七二年、壬申の乱を経て再び飛鳥（浄御原宮）へ遷都されたのではないだろうか。

このような大津京と高句麗の関係については、滋賀県の外郭団体が開催したセミナーでも話を聞いたことがある。また、前出した『12歳から学ぶ　滋賀県の歴史』によれば、壬申の乱の成り行きについては、大海人皇子（?～六八六。のちの天武天皇・第四〇代）の家来が日記をつけていたため詳しく分かっているそうだ。

六月二四日に吉野を出発した大海人皇子軍は、二五日に伊賀に入って、鈴鹿関を通って二六日に三重に着いている。休む間もなく桑名を経て二七日には美濃に達したとされるが、そんな行軍が本当に可能だったのだろうか。信じ難い話ではあるが、不破関から近江に入ったというのは本当なのだろう。

近江に入ったあと、琵琶湖の北を回って湖西から「大津京」を目指す軍とそのまま南下する軍に分かれ、後者が近江朝廷軍と七月二二日に瀬田橋で激突した。それまでにも近江

現在の瀬田唐橋

や大和の各地で両軍の衝突があり、近江朝廷軍は負け続けていたようだ。最後の決戦となった瀬田橋の戦いでも、死闘の末に近江朝廷軍が大敗を喫し、七月二三日に大友皇子（六四八〜六七二。のちの弘文天皇）は自決したと伝わっている。弱冠二四歳であった大友皇子は、どんな思いで死んでいったのだろうか。

大津への遷都や壬申の乱の時代は、『万葉集』が編まれた時期とも重なっている。『万葉集』を代表する歌人である柿本人麻呂（六六〇〜七二〇）が次のような歌を詠んでいる。

楽浪の　志賀の唐崎　幸くあれど　大宮人の　舟待ちかねつ
楽浪の　志賀の大わだ　淀むとも　昔の人に　またも逢はめやも

自然の姿が変わらないことと比べながら、大津京が廃墟となったことを嘆いている。

大津京の跡は国の史跡に指定されているが、住宅地のなかにあるらしい。その近くには、天智天皇を御祭神とする近江神宮がある。一月四日の朝早く、仕事始めのお参りのために近江神宮へ行ったが、大津京の跡へは行かなかった。近江神宮は皇紀二六〇〇年を記念して一九四〇（昭和一五）年に創建されているが、昭和に創建された唯一の官社とのことである。ちなみに、大友皇子は明治になって弘文天皇と追称され、大津市役所の裏手の森にその陵墓がある。

ＪＲ湖西線には「大津京駅」がある。私が大津に勤務する少し前の二〇〇八（平成二〇）年三月一五日に「西大津駅」から改名された。「大津京」という名称については研究者の間で異論もあるらしいが、駅名としては西大津よりもいいと思う。大津からは山科を経由しなければ行けないので、西大津という感じがしない。遺跡や近江神宮もあることだし、大津京をアピールしたいという地元の気持ちがよく分かる。

この大津京は、あまりに短命に終わったために「幻の都」とも言われている。しかし、短命に終わったミステリーを含めて、琵琶湖畔の都の存在は、日本の古代史において異彩を放っているのではないだろうか。

名前の由来

「近淡海」とされていた湖が、なぜ「琵琶湖」と呼ばれるようになったのだろうか。別の呼び名があったことを知らなかった私だから、琵琶湖という名前の由来など考えたこともなかった。周りの人に「どうして琵琶湖って言うのか知ってる？」と尋ねると、「楽器の琵琶の形に似ているからでしょ」という答えが、あたかも当然のように返ってくる。しかし、琵琶湖という名前を知らずに形を見て琵琶に似ていると思うだろうか。私には、あまり似ているように思えない。だいたい、琵琶自体がそれほどポピュラーな楽器ではない。これまで実物を見たことがないし、テレビで演奏されるのを見たという記憶もない。それではなぜ知っているのかと言えば、子どものころに「耳なし芳一(2)」の話を聞いたからである。琵琶法師が奏でる哀しい調べに乗せて、「祇園精舎の鐘の音、諸行無常の響きあり」という『平家物語』の有名な一節が聞こえてくる。実際に聞いたこともないのに、そういうイメージが琵琶という楽器には付きまとっている。

サンライズ出版、2001年

「琵琶湖」と呼ばれるようになったのは、それほど古くなく、一六世紀初めの漢詩にその名前が見られると言う。単に形が似ているというだけではなく、仏教の信仰が関係しているらしい。琵琶湖北部にある竹生島《ちくぶじま》には弁財天が祀られており、神奈川県の江の島、広島県の安芸の宮島と並んで「日本三大弁財天」と言われている。家内に付き合って私は日本三大弁財天のすべてにお参りをしているが、その弁財天が手に持っているのが琵琶であり、琵琶湖という名前も弁財天と関係があるという。

この点については、成安造形大学前学長である木村至宏氏が著した『琵琶湖——その呼称の由来』（淡海文庫）に詳しく書いてあった。木村先生のことはびわ湖検定の受験者向けセミナーで知ったが、とても上手に話をされる人だった。豊富な知識をもとに縦横無尽に話を展開されるだけでなく、随所にくすぐりが入っているので聞いていて飽きることがなかった。セミナー会場のあちこちから笑い声が聞こえてきたが、たしかに、漫談を聞いているようにおもしろかった。

木村先生の本には、琵琶湖と琵琶を対比した図が載っていて、竹生島や沖島などがどこに相当するのかが分かる。たしかに、琵琶湖大橋の所で細くなっているのはその通りであるが、かなりこじつけた部分もあるように思われる。そんなことにケチをつけてみても仕方がないが、どこまでも類似性を追求しようとすると無理があるように思える。古くから聖なる場所であった竹生島に弁財天が祀られ、そのあとに湖の形が琵琶に似ているとこじつけたのではないだろうか。

それにしても、湖の形が琵琶に似ていると最初に思ったのはいったい誰だろう。今とは違って地図や航空写真のない時代に、琵琶湖全体の形を把握することは容易ではない。たとえ周囲の山に登っても、大きすぎて一望することはできないだろう。文献としては、一四世紀初めに延暦寺の学僧が編纂した『渓嵐拾葉集《けいらんしゅうようしゅう》』に、湖の形と琵琶の類似性について記されているらしい。天台宗の僧侶の間では、ちまたの噂として伝わっていたのかもしれない。

噂になっていたということは、そのときよりかなり前に似ていると思った人がいたということになる。弁財天が持つ琵琶との関連性に気付くのだから、仏教の知識をもった人であろう。湖の形については、やはり山から見るのが一番だろう。伊吹山（一三七七メートル）から福井県の白山に至る稜線は、かつては修験者の道であったと聞いた。竹生島の宝厳寺は聖武天皇（七〇一～七五六・第四五代）の命により七二四年に行基《ぎょうき》（六六八～七四九）が創建したと伝わっている。

（２）　安徳天皇や平家一門を祀った赤間神宮（山口県下関市）を舞台とした物語。小泉八雲の小説『怪談』で取り上げられ、広く知られるようになった。

その行基は、修験道と関係があったとも言われている。

行基については、日本史の教科書に名前が載っていた記憶はあるが、改めて調べてみると大変な人物であったことが分かった。民衆からの支持がきわめて高く、扇動者として一時は弾圧を受けている。しかし、最終的にはその力を朝廷側も認めざるを得ず、東大寺の大仏建立に対する貢献が評価され、日本初の大僧正の位を贈られている。また、「行基図」と言われる古代の地図を描いたとされる行基であれば、琵琶湖の形の神秘性に気付いていたとしても不思議ではない。

竹生島《ちくぶじま》を懐に抱く琵琶湖の形は、とても縁起がよいと思われたことだろう。彦根城にある日本庭園の玄宮園《げんきゅうえん》は、近江八景や竹生島を模して造られている。また、東京の小石川後楽園にも池の中に「竹生島」と名付けられた所があるし、上野寛永

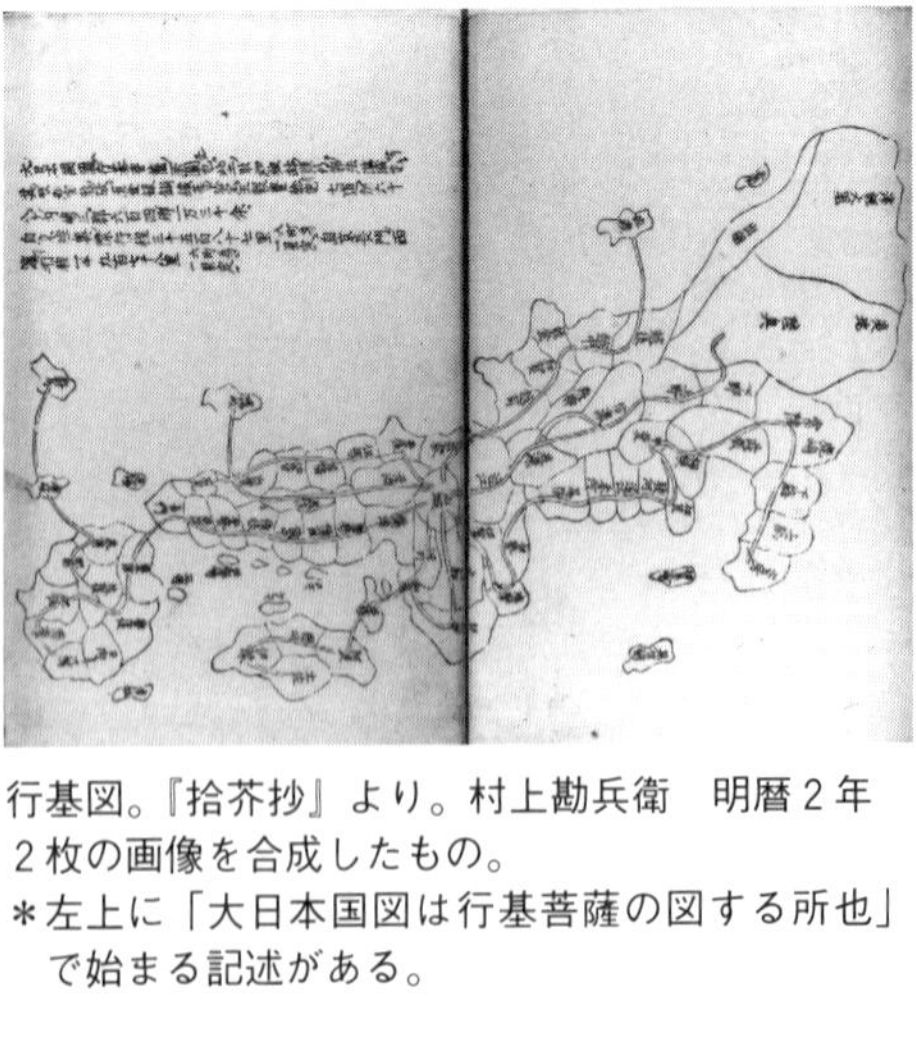

行基図。『拾芥抄』より。村上勘兵衛　明暦２年
２枚の画像を合成したもの。
＊左上に「大日本国図は行基菩薩の図する所也」
　で始まる記述がある。

寺を建立した慈眼大師・天海（?～一六四三）は、不忍池を琵琶湖に見立て、竹生島になぞらえて中之島を造って弁財天を祀っている。おそらく日本の各地に、琵琶湖や竹生島と関連づけられた場所がたくさんあるのだろう。

普段、何気なく使っている地名の背景にも歴史が関係しており、それを知れば知るほど今までとは違ったことが分かってくる。周囲の山に登っても琵琶湖を一望することはできないと書いたが、滋賀県最高峰の伊吹山の山頂からであれば何か分かるかもしれない。機会があったら、伊吹山に登って琵琶湖を眺めてみたい。

近江学フォーラム

みなさんは、「近江学フォーラム」のことを知っておられるだろうか。成安造形大学附属近江学研究所が二〇〇九年四月に設立したもので、近江に関する講演や野外研修などを開催しており、私も入会している。

『琵琶湖——その呼称の由来』の著者が、成安造形大学前学長の木村至宏氏であることはすでに触れたが、その木村先生が近江学研究所の所長である。木村先生について知りたいと思って調べているうちに、

2009年度の会員証

近江学研究所の存在を知ったわけである。同研究所が近江学フォーラムを主宰していることが分かり、すぐに入会することにした。年の暮れも近いころで、二〇〇九（平成二一）年度の講座も残り少なくなっていたが、会報とカレンダーがもらえると聞いて一も二もなく会費を支払った。

入会した年の二〇〇九年度は、一回だけ講座に参加することができた。場所は成安造形大学の教室で、JRおごと温泉駅からスクールバスを利用するようにと言われていた。JR山科駅経由で湖西線で行けばよいと分かっていたが、たまにはバスにしようと思って浜大津から堅田駅行きの江若《こうじゃく》バスに乗った。運転手に最寄りのバス停を尋ねると「北雄琴」ということだったので、そこで降りて「おごと温泉駅」まで歩いたが、これが思っていたよりも距離があり、着いたのはスクールバスの時間ギリギリであった。

スクールバスは結構混んでいた。私のように近江学フォーラムへ参加すると見られる中高年と成安造形大学の学生らしい人が乗っていた。「おごと温泉駅」の山手に広がる「仰木の里」の住宅地を通って、「こんな所に大学があるのだろうか」と思っていたら、ほどなく正門が見えてきた。大学構内でスクールバスを降りて、講座が開かれるホールに向かったが、すでに大勢の人が座っていた。

スクールバスの中で見たように中高年が多かったが、男性ばかりではなく女性もかなりいたし、隣に座っていたカップルは夫婦らしい。周りを見わたしてみると、公開講座だったので学生もうしろのほうに座っていた。成安造形大学は美術系の大学であるためか、女子学生が多いような気がした。

　最初に所長である木村先生の挨拶があり、講師の紹介に続いて講演がはじまった。講演時間は、質疑応答を含めて二時間程度だったと記憶している。

　講演の内容は甲賀の城に関するものだったが、城と言っても土塁のようなものらしく、その跡が甲賀にはたくさん残っているという。甲賀の城といえば水口城ぐらいしか知らない私にとっては初めて聞く話で、いろいろなことを調べている人がいるものだと改めて感心した。真剣に質問する人もいて、参加者の関心の高さがうかがわれた。

　講演が終わったあとは、再びスクールバスで「おごと温泉駅」まで行って、帰りは湖西線に乗って山科経由で膳所に帰った。

　このことがきっかけとなって、ほかの市民

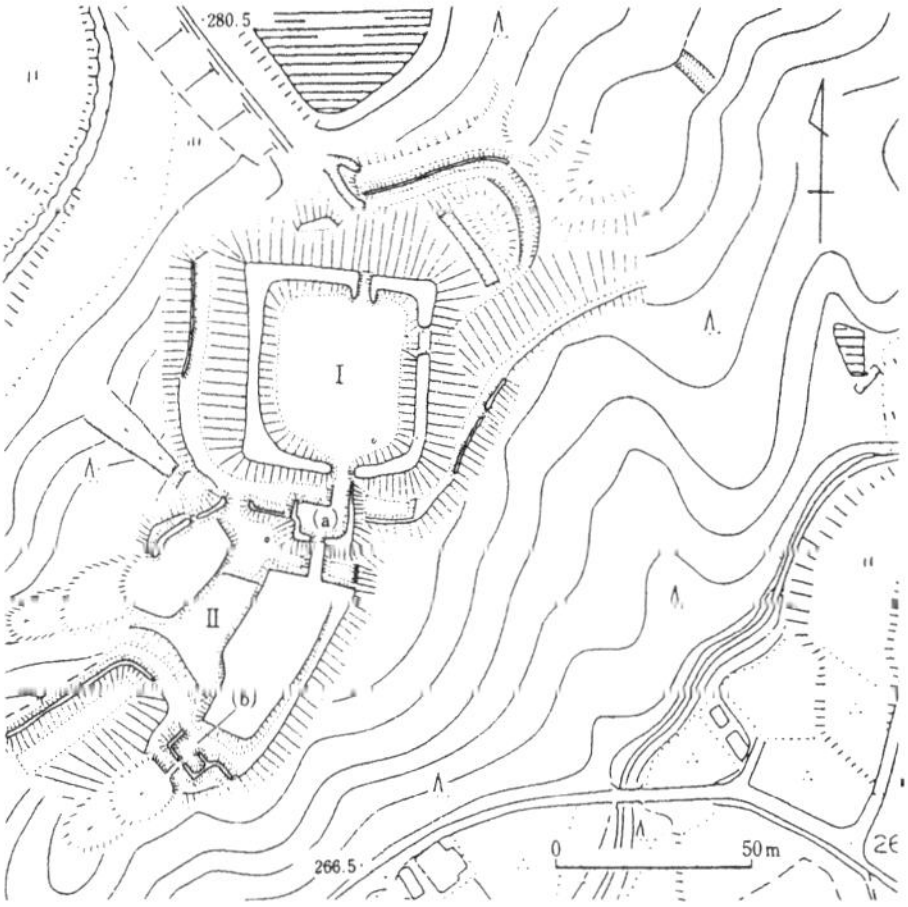

土山城跡概要図（中井均作図）
「近江の城物語」（2009年12月12日公開講座資料）より

講座にも参加してみた。滋賀県の外郭団体が主催しているもので、週末に「コラボしが21」[3]の会議室で行われていた。そんなに多くの参加者はいないだろうと思っていたが、会場がいっぱいだったのには驚いた。こちらも年配の人が多く、私などはまだ若輩者という感じだった。参加費が無料ということもあるのだろうが、退職して時間に余裕ができた団塊の世代にとっては重宝する企画である。

近江学フォーラムのことを話すと、興味を示す人が何人かいた。仕事上の会合を通じて知り合った久保氏は私と同じく転勤族で、彼が大津に着任してまだ間もないころに先輩面をして話をしたように思う。滋賀県の歴史や文化に関心をもっているようだったので、私が近江学フォーラムに入会したことを話したところ、しばらくしてから二〇一〇年度の会員になったと聞いた。会員募集に、少しは貢献できたのではないかと自負している。

二〇一〇年の初めに同年度の会員募集があったので、すぐに会費を支払った。そのときは転勤するとは思っていなかったので、できるだけ多くの講座に出席したいと考えていた。もちろん、成安造形大学のキャンパスにも何度か行くことになるだろうとも思っていた。そのスケジュールを手帳にも書いていただけに、突然の転勤は少し残念だった。年五回の会員限定講座にも申し込んでおり、その受講票がいまだ手元にある。すべて土曜日だが、今のところ行ける見通しはまったくない。

地域に開かれた大学が求められるなかで、成安造形大学の取り組みは時流に沿ったものと言える。さまざまな方式で大学の公開講座はたくさん開かれている。卒業してからはすっかり縁遠い存在になっているが、いろいろな情報を得る場所として活用しない手はない。近江学フォーラムの会員になったことで、改めて大学という存在を身近に感じることができた。牛涯学習というつもりはないが、今後の人生を送るにおいてヒントにはなる。

びわ湖検定の受験申し込みをしたことから受験者用セミナーに参加した。そのセミナーで木村先生の講演を聞き、著書を読んでいるうちに近江学研究所のことも知った。そして、同研究所が近江学フォーラムを主宰していることが分かり、その会員になった。すべては、びわ湖検定からはじまったことである。今振り返っても不思議な気がするが、何かに興味をもって進んだ結果だ、とは言える。

いよいよ受験

びわ湖検定の受験申し込みをしたことは、先にも述べたように家内以外には誰にも言わなかった。不合格だと恥ずかしいという気持ちがあったことも事実だが、その一方で、受験のために準備をするつもりもなかったからだ。

もともと受験のことを考えて『びわ湖検定』を買ったわけではない。滋賀県について知りたいと思って興味本位で買ってみたら、思いのほかおもしろかっただけである。それにそのころは、ご当地検定はマニアックな人が受けるもので、自分とは関係ないものと考えていた。琵琶湖について少々詳しくなったところで何の役に立つというわけでもないし、そういうことに興味をもつ人の気持ちが正直分からなかった。大方、時間のある人が暇つぶしに受験しているのだろうと思っていた。

とはいえ、先にも書いたように、『続・びわ湖検定』を買ってからは、毎朝、出勤前に二問程度読むようにはしていた。受験対策みたいにカラーマーカーで印を付けたりもしたが、歳のせいか名前や数値がなかなか覚えられなかったし、本気で記憶するつもりで読んでもいなかった。まだまだ先だと思っていた受験日（二〇〇九年一一月二九日）が目前に迫ってきたが、『続・びわ湖検定』を最後まで読み終えることはできなかった。

当日、JR膳所《ぜぜ》駅から琵琶湖線の各駅停車で行った。会場は立命館大学の「びわこ・くさつキャンパス」だったので、JR南草津駅からは大学行きのバスに乗った。南草津駅で降りたのは初めてだったが、駅前はきれいに整備されていた。大学生に混じって、びわ湖検定を受験すると思

第2回びわ湖検定試験受験票

受験番号	120193
氏　　名	児玉　征志
受験級	2級　（スタンプラリー得点：0点）
試験会場	立命館大学 びわこ・くさつキャンパス
教室名	フォレストハウス　2階 F202号教室
試験日	平成21年11月29日（日）
試験時間	9:30～（各級とも制限時間90分）

試験当日

□試験当日の持ち物
○受験票・筆記用具（HBまたはB黒鉛筆・シャープペンシル、消しゴム）
○筆記用具など一切の物品の貸出はいたしません。

□受験上の注意
○次に該当する行為をした受験者は、その場で退場・失格とし、答案の採点はいたしません。
また、不正行為等が合格認定後に判明した場合は、その合格を取り消し、以後の受験をお断りする場合があります。
本人以外が受験する／他の受験者に迷惑をかける／試験監督の指示に従わない／携帯電話やPHSを使用する（時計としても使用不可）／録音機器、カメラ、辞書、テキストなどを使用する／その他不正行為
○答案用紙および問題用紙の持ち出し、途中退出後の再入場も不正行為とみなしますのでご注意ください。
○受験者の答案は公表しません。また、問題に関する質問には一切お答えできません。

（当日緊急連絡先　080-3346-5385）

会場周辺図

会場まではJR琵琶湖線南草津駅東口から近江鉄道バス8分、「立命館大学」下車＋徒歩5分
※南草津駅から近江鉄道バス（片道220円）が増便予定です。
※お車で来場することはできませんので公共交通機関等をご利用ください。

結果発表

○試験結果・合格証発送日　平成22年1月18日（月）
※試験結果と合格証（カードサイズ）、合格バッジ（1級合格者のみ）、合格者特典内容等の案内を発送します。
※検定ホームページに合格者の受験番号を掲載します。
○試験結果未着問合せ期間　平成22年1月25日（月）～27日（水）
※試験結果が届かない場合は、この期間内に当実行委員会事務局へお問い合わせください。（期間内にご連絡がない場合は、試験結果・合格証の再発行はできません。）
※合否・採点・試験問題の内容に関するお問い合わせには一切お答えできません。

びわ湖検定の受験票

われる人もたくさん乗っていた。所要時間は一〇分ぐらいだったが、まるで西洋の城を思わせるような壮大な建物の大学であった。

キャンパス内のターミナルのような所でバスを降りた。びわこ・くさつキャンパスはまだ新しく、そのうえ広大な敷地をもっている。案内標識を見ながら人の流れに従って歩くと、ほどなく受験会場の建物に着いた。番号を確認して教室に入ると、かなりの人がすでに着席していて最後のおさらいをしている。今さらジタバタしても仕方がない。それよりも、午後に用事のあることが気になっていた。

私と違って、多くの人たちが真剣である。このことは、受験者向けのセミナーに参加したときにも感じたことである。びわ湖検定への合格がどういう意味をもつのかは分からないが、当然ながら合格を狙ってみんなは受験をしているのだ。知識欲というのはそういうものかもしれない。受験者のなかには、親子連れであろうという人たちもいた。家族の話題づくりに役立つのかと思うと、微笑ましかった。

マークシートの解答用紙を見るのは久しぶりだった。名前や生年月日などをマークしていると、だんだん受験をするんだという気持ちになってきた。解答は四択なので白紙になる心配はなかったが、模擬試験問題をやっていなかったので、どのくらいのペースで問題を解いていけばいいのかが分からず少し不安になった。分からない問題はいくら考えても無駄なので、そのときは「ヤマ勘」と決めていた。

そうこうしているうちに開始時間となり、問題用紙を開いた。思っていた以上に問題は難しく感じられた。到底合格するはずがないと思いながらも、「まぐれでもいいから受からないかな」という期待があったのも事実である。時間を半分ほど残して、マークシートへの記入は終わった。どうしようか少し迷ったが、解答を再度チェックする気も起きなかったので、教室を出ることにした。

　早く終わったのは、正解が分からない問題が多かったためだ。歴史や文化の問題であれば少しはできるかもしれないと思っていたが、自然や統計の問題はまったくダメだった。大まかには知っていることでも、細かい点になるとやはり難しい。正解だと自信がもてた問題は少なかった……やはり、スタンプラリーに参加して下駄をはいておくべきだった。

　年が明けて受験結果が郵送されてきた。予想通り不合格。一〇〇点満点の五一点だった。合格は八〇点なので、スタンプラリーで最大の二〇点の下駄をはいていたとしても合格できなかったことになる。一級を受験するために必要という理由で二級を受験したわけだが、三級でも合格で

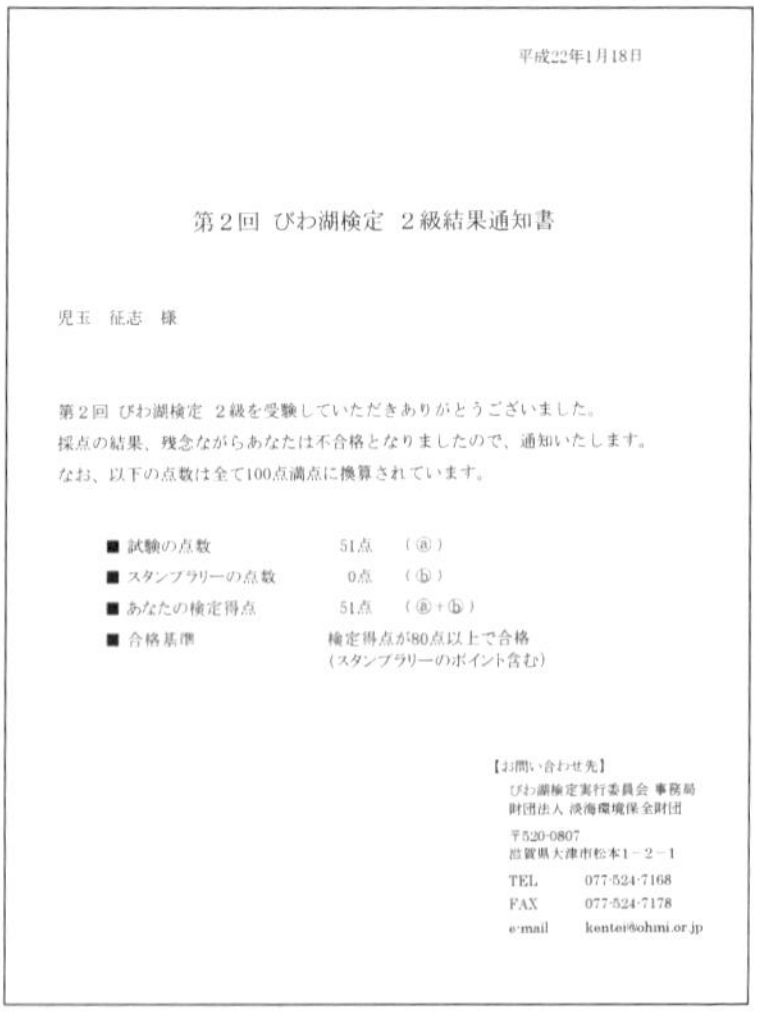
平成22年1月18日

第2回 びわ湖検定 2級結果通知書

児玉　征志　様

第2回 びわ湖検定 2級を受験していただきありがとうございました。
採点の結果、残念ながらあなたは不合格となりましたので、通知いたします。
なお、以下の点数は全て100点満点に換算されています。

■ 試験の点数	51点	（ⓐ）
■ スタンプラリーの点数	0点	（ⓑ）
■ あなたの検定得点	51点	（ⓐ+ⓑ）
■ 合格基準	検定得点が80点以上で合格 （スタンプラリーのポイント含む）	

【お問い合わせ先】
びわ湖検定実行委員会 事務局
財団法人 淡海環境保全財団
〒520-0807
滋賀県大津市松本1－2－1
TEL　077-524-7168
FAX　077-524-7178
e-mail　kentei@ohmi.or.jp

びわ湖検定2級の結果通知書

きたかどうか分からないし、もう一度挑戦する気にもなれなかった。ちゃんと勉強しなければ合格しないことがこれで分かったが、自分にその時間があるとはとても思えなかった。

負け惜しみを承知で言えば、私にとってびわ湖検定は受験することに意義があった。もちろん、合格できればそれに越したことはないが、それだけの実力がなかったということである。ただ、受験準備のために『びわ湖検定』を読んでいるうちに、いろいろなことに興味をもつようになったことは事実である。実際に現地へ出掛けてみたり、参考となる資料を読んだりして派生的に知識が増えていったこともまちがいない。気が付いてみると、「びわこ検定」というフレーズを切り口にして滋賀県について話すようになっていた。

今から思うと本当に不思議な感じがする。「びわ湖検定」に出合わなければ、まだうつ状態のままだったかもしれない。きっと、琵琶湖が私を救ってくれたのだろう。

コラム　京滋は地下でつながっている

私が大津で暮らしていたころ、大変お世話になった人に川口氏がいる。川口氏が言われることはいつも的を射ていて含蓄《がんちく》に富んでいるので、耳を傾けるように心がけていた。

その川口氏といろいろな話をしていて、京都と滋賀の話題になったときだったと思うが、川口氏が「京都と滋賀は地下でつながっている」とおっしゃった。浅薄《せんぱく》な私は、そのとき、「京都と滋賀は琵琶湖疏水でつながっているのではないですか」と返したが、川口氏が言われているのはそういう表面的なことではなかった。

川口氏によると、京都の寺院には滋賀に別院をもっているところが少なからずあるなど、歴史的・文化的に両者は密接な関係があるということだった。経済的にも、『12歳から学ぶ　滋賀県の歴史』によると、絹織物の産地である京都の西陣は材料の生糸を輸入していたが、徳川幕府が国内での養蚕を奨励すると近江の湖北を中心に養蚕が盛んとなり、「浜糸」として西陣にも出荷されたという。やがて、西陣から縮緬《ちりめん》を織る技術が盗み出されて、丹後を経由して長浜に伝わり、彦根藩の保護を受けた「浜縮緬」の製造が盛んになっていった。

京都の千枚漬の原料となる「聖護院かぶら」は、江戸時代に聖護院の農家が近江の堅田から種を持ち帰ったのがはじまりと言われている。同じく京漬物の刻み日の菜の原料である「日野菜」は、その名の通り蒲生郡日野が発祥とされている。京都に近く豊かな自然に恵まれた近江は、古くから野菜や米の供給基地だったのであろう。『続・びわ湖検定』によれば、歴代天皇の大嘗祭のための特別な水田が近江にはたびたび設けられていた。

日本酒のメーカーである「月桂冠」のホームページによると、「京都盆地の地下には『京都水盆』と呼ぶ琵琶湖に匹敵するほどの大きな水がめが存在し、211億トンもの水を貯えていると、関西大学の楠見晴重教授が発表された」そうである。「伏水」と呼ばれた伏見の豊富な湧き水と地下の大きな水がめには何かしら関係があるのだろう。ひょっとして、地下の水がめは琵琶湖と対になっていて、本当に「京都と滋賀は地下でつながっている」のかもしれないと思ったりした。

第3章

自　然

南郷洗堰

ここまでは、単身赴任で大津支店に勤務し、精神的な落ち込みを体験しながらも、びわ湖検定や周りの人たちのおかげもあって、なんとか元気を取り戻したという一年あまりの期間を時間の経過に沿って書き記してきた。

ここからは、近江の国をめぐりながら、行く先々で見聞きし感じたことを思いつくままに書き綴っていきたい。「びわ湖検定」を見習って、「自然」、「経済」、「歴史」、「文化」という観点で分類してみたが、むろん厳密なものではないし、これまでの記述を繰り返したり、時間が前後する場合もあるが、復習だと思って読んでいただければ幸いである。

琵琶湖博物館

「琵琶湖博物館」には二尾のビワコオオナマズがいる。その泳ぐ姿は圧巻である。琵琶湖に来られるのであれば、是非、琵琶湖博物館へ行くことをおすすめしたい。このビワコオオナマズ、一見の価値がある。

二〇一〇年の正月は、自宅のある東京ではなく滋賀県で迎えた。琵琶湖の近くにあるリゾートホテル（ラフォーレ）を予約して、家族を呼び寄せた。翌年の春に転勤すると思っていたわけではないが、琵琶湖に家族が来られる機会もそうそうないだろうし、正月の家族サービスということで滋賀県に家族を呼んだわけである。ホテルでのんびりと正月を過ごし、どこかに出掛けようとはあまり考えていなかった。とはいえ、子どももいることだから一つぐらいは観光地へ行こうということになり、琵琶湖博物館に出掛けることにした。

行ったのは一月三日だった。風車のある辺りで湖岸道路を折れて、烏丸半島へ向かうとすぐに博物館はあった。混むのが嫌だったので開館時間の九時半にあわせて行ったのだが、一番乗りではなかった。しかし、先客はわずかである。広いホールを抜けて、早速いろいろな淡水魚が泳いでいる水槽に向かった。館内はとても清潔で、見学者が少ないせいもあって、ゆっくりと落ち着いて魚たちを見ることができた。

ビワコオオナマズの水槽は、自らがここの主《あるじ》であるとでも言うように博物館の中心に据えられてあった。ほかの淡水魚の水槽を見ながら歩いていくと、自然とそこに辿り着くような順路になっている。水槽は想像以上に大きくとても立派で、その中にいるビワコオオナマズも同じく想像以上に大きかった。連れていった小学三年の息

琵琶湖博物館の入り口。〒525－0001
滋賀県草津市下物町1091　TEL：077－568－4811
㈳びわこビジターズビューロー

琵琶湖博物館で買い求めた下敷き

子は小柄なので、同じぐらいの大きさに感じた。

二尾いるビワコオオナマズのうちの一尾は、水槽の透明な壁に顔を向けて懸命に尾びれを動かしていたが、もう一尾は土管のようなものの中でなかば眠っているような感じであった。その様子は対照的で、ひどく印象に残っている。ビワコオオナマズの大きさに圧倒されながら、しばらく水槽の中を眺めていた。とても不思議な感じがして、こんな生き物が琵琶湖には棲んでいるのかと、改めてその存在のすごさを感じた。

これまでにも、巨大な淡水魚を見たことはある。世界最大と言われるアマゾンのピラルクーも、一度ならず見ている。そのときは、こんな巨大な魚と河で出くわそうものなら、きっと腰を抜かしてしまうだろうと想像していた。それ以外にも、アマゾンには動物を食べるピラニアもいるし、淡水に棲むイルカだっている。アマゾンのような大河であれば、想像以上の生物がいても不思議ではない。

ビワコオオナマズはそこまでは大きくはない。ピラルクーと比べればずいぶんと小さい。外国の魚と比べなくても、日本のコイにもかなり大きなものがいる。琵琶湖でも、子どもくらいの大きさのコイを釣り上げて、両手で抱えている人の写真を見たことがある。大きさだけであれば、ビワコオオナマズに勝っているコイも結構いるだろう。しかし、ナマズの類であんなに大きいものは見たことがない。あそこまで大きくなるのに、いったい何年かかるのだろうか。

冗談で、「ビワコオオナマズは食べられないのですか？」と聞いたことがある。その答えは、いつも湖底の深い所にいるので、網にかかることはほとんどないということだった。もっとも、琵琶湖の守り神の化身のような魚を捕まえようとは、誰も思わないのかもしれない。しかし、産卵のときには浅瀬に来るらしいので、博物館の二尾もそのときに捕まえられたのだろう。食用に適しているかについては、「ナマズなんかきっと臭いに決まっている」と言っている人がいた。

博物館には、ほかにもたくさんの淡水魚がいる。モロコ一つを取っても、ホンモロコだけでなくいろいろなモロコが水槽ごとに展示されていたが、それらの違いを見分けるのは容易なことではない。こういうことを研究する人はよほど根気があるのだろうと、余計なことを考えてしまった。

ホンモロコは食用に適していると言われている。今津へ鴨鍋を食べに行ったとき、炭火で焼いて食べたのだが本当においしかった。養殖だと脂が出るので、炭火で焼く場合は天然でないとだめなのだそうだ。守山市在住のある人が趣味で養殖をしていたので「観賞用ですか」と尋ねたところ、「食べるのですよ」という答えが返ってきた。たくさん養殖できたので、近所にもかなり配ったと話していた。

琵琶湖の魚で一番おいしいのはビワマスだと聞いたが、残念ながら食べる機会がなかった。フナずしも本格的なものは食べなかったが、料理屋の突き出しとして口にすることがよくあった。コイやフナのあらいは、よく泥を吐かせてあって臭みはほとんどなかったが、正直なところ好んで食べたいとは思わなかった。ちょうどこの原稿を書いているとき、ある日曜日の早朝、ＮＨＫ

の番組でビワマスを取り上げていた。番組内で「ビワサーモン」と言ってもいいと話していたから、さぞかしおいしいのだろう。

博物館はその名の通り単なる水族館ではなく、淡水魚以外にも「琵琶湖のおいたち」や「人と琵琶湖の歴史」といった展示物がある。また、屋外に池や水路があって、いろいろな遊びができそうだった。一九九六年に開館されたということだが、こんなに贅沢な公共施設は今ではもう造ることができないだろう。簡単に体験学習ができる滋賀県の子どもたちが羨ましい。もっとゆっくり楽しみたかったが、家族が東京へ帰る新幹線の時間が迫ってきたので足早に博物館を後にした。

このとき、小学三年の息子はミュージアムショップでビワコオオナマズのぬいぐるみを買った。小さいのもあったが、「大きいほうがいい」と言って譲らなかった。そのぬいぐるみを見るたび、博物館を思い出してしまう。

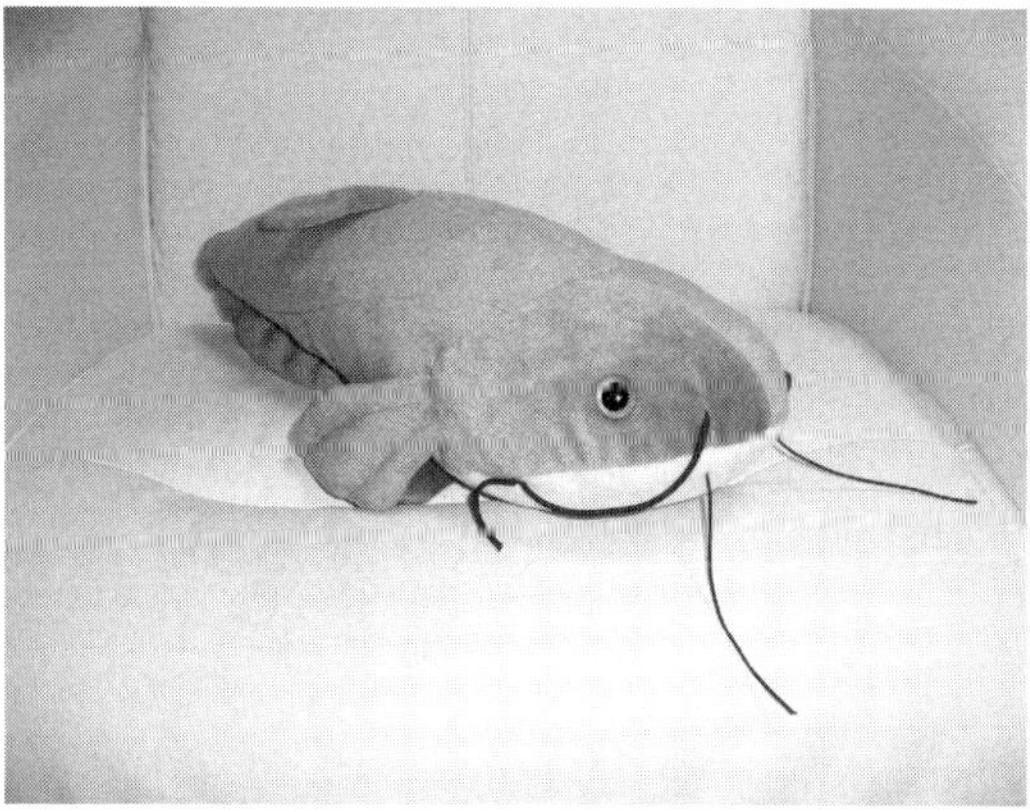

琵琶湖博物館で息子が買ったぬいぐるみ

星と月

琵琶湖畔では、星がとてもきれいに見える。湖には工場の煙突はないし、車の排気ガスも発生しない。とりわけ、冬晴れの日の夜空は美しかった。

ご存知の人も多いだろうが、星が一番きれいに見えるのは夜明け前である。街の灯りが消えていて、星の輝きがもっとも大きくなる。あまり周囲の人には話していないが、自宅のマンションを五時前に出て歩いたことがある。冬の朝の日の出は遅く、七時近くになって、やっと夜が明けてくる。夜明け前の琵琶湖畔、街灯だけを頼りに歩いていると、昼間であれば何ともない樹木や岩でさえ妙に不気味なものに見えてしまうことがあった。

そんなときに夜空を見上げると、満天の星が輝いている。北斗七星もはっきりと見ることができた。東京だと、オリオン星座ぐらいなら結構見ることはできるが、北斗七星がきれいに見えた記憶はない。カシオペア座も見つけようと探したが、よく分からなかった。星座のことなど何も知らない私にとっては、もったいないような星空だった。上ばかり見ながら歩いていたので車止めにぶつかりそうになったが、それぐらい見とれてしまうほど星がきれいだった。

星の光は、何万光年先のはるか彼方からやって来る。現在見えている光が発せられたのは、自分が生まれたときよりもはるか以前かもしれないなどと考えていると、空想がどんどん広がっていく。

ご存知のように、月明かりのない夜のほうが星はよく見える。満月のときは月が明るすぎて、弱い光の星は見えなくなってしまうのだ。月の出と月の入りの時刻は、日の出と日の入りよりも大きく変化する。太陽と違って月には満ち欠けがあるので、日によって星空の様子は変わっていく。日ごとに形が変わる月を見ていると、『万葉集』で「ツクヨミ」として人になぞらえた気持ちが少し分かるような気がした。この歳になるまでそんなことを考えたことはなかったが、なぜか神秘的に思えた。

夜明けが近づいて空が白んでくると、星は少しずつ消えていく。本当はそのままそこにあるのだが、地球からは見えなくなってしまう。見えなくなる直前の星が一番きれいなのかもしれない。日の出の時刻がまだ遅いころにウォーキングをしていて、「浜大津アーカス」からデッキに上って湖岸道路に差し掛かったとき、目の前が満天の星空だったことがある。思わず立ち止まり、我を忘れて見とれてしまった。

別の日には、西の空に浮かぶ月をじっと見ながら歩いたこともある。間接的に太陽の光を浴びているようなものだと思ったりもした。昇る朝日や沈む夕日が素晴らしいことはもちろんだが、夜空に冴えわたる月も見事である。夏の日の夕方に琵琶湖畔を歩きながらマンションに帰る途中、湖の上にとんでもなく大きな満月がぽっかりと浮かんでいるのを見たこともあるし、つくりもののように大きな月が比叡山の端に落ちるのも見た。不思議な光景、としか言いようがない。

二〇一〇年の二月、おごと温泉で用事があって、夜の九時ごろ、湖畔に立つ旅館で人と会っていた。ふと窓のほうに目をやると、夜空の高い所にほぼ満月に近い月が見えた。金曜日のことだったので、週末は満月になるぞと思ったら、琵琶湖の反対側から月が見たくなった。本当は高月あたりで見たかったが、よい宿が見つからなかったので彦根に泊まることにした。

ちょうどそのときは井上靖の『星と祭』（上・下）を読んでいて、そのなかに出てくる「エベレストの麓で満月を見る」という話に触発されたのだと思う。この小説は湖北を中心にした琵琶湖周辺の観音がテーマになっていたので、渡岸寺《どうがんじ》の十一面観音からの連想で高月に泊まりたいと考えたわけである。彦根のホテルでは、泊まった部屋の向きが悪かったのか月を見ることはできなかった。そもそも、おごと温泉で月が見えたからといって琵琶湖の反対側からも同じように見えるものではないのだろう。

角川文庫、1975年

翌朝、夜明け前に日課のウォーキングをしながら、宇宙の営みの一部として、太陽や月や星も生きていることになるのではないだろうかと思いをめぐらせた。もし、そうであれば、石や金属も生きていないとは言えない。こんなことを考えながら、産業機器メーカーの社長である中作氏と会っていたとき、同じ金属でも純度などによって相性がいい加工方法が異なるという話を聞いた。思わず「金属も生き物みたいですね」と言ったら、「その通りです」という答えが返ってきた。

釣り

琵琶湖畔のレジャーとして、まず思い浮かぶのは釣りである。早朝にウォーキングをしていると、まだ夜明け前なのに必ず釣りをしている人を見かけた。私自身は、あまり釣りの経験がない。小学生のころに近所の池でフナを釣ったり、河口の近くで父とハゼを釣ったという記憶はあるが、それ以降は、中学校のサマーキャンプで、仕掛けにギギがかかっていたことぐらいしか覚えていない。

大津に赴任するとき、荷物のなかに家内が釣り竿を入れていた。川釣り用のごく普通のタイプで、以前に買ってそのままになっていたものである。荷物の片づけを手伝いに来てくれた家内は、マンション近くの釣具店でソフトプラスチック製の疑似餌《ぎじえ》（ワーム）まで買ってきた。早速釣りに、ということで湖畔に行った。周りを見ると、リール付きの竿を持った人が多い。リールなしで本当に釣れるのだろうかと思ったが、小さなブルーギルやブラックバスが釣れた。真夏で水温も高かったので、魚も活動的になっていたのかもしれない。

それに味をしめた家内と息子は、大津に来ると何度か琵琶湖畔で釣りをしていた。ビギナーズ・ラックだったのか、そのあとは最初のときほどは釣れなかった。数時間粘ってぼうずということもあった。

湖畔までは歩いても五分足らず、お金がまったくかからないので、釣りは本当に手軽なレジャーである。護岸用の石の上から二メートルぐらいしか離れていない所に釣り針を落とすので、大きな魚がかかることはなかったが息子は結構楽しんでいた。

釣れた魚は、もっぱらブルーギルとブラックバス。外来魚はリリースしてはいけないことになっていて、湖畔にも回収ボックスのようなものが置いてあった。釣れたあとはとりあえずプラスチックのバケツの中に入れておくのだが、バケツが小さすぎて魚が飛び出し、石の隙間にはさまって取れなくなってしまうということもあった。また、回収ボックスには入れずに、野良猫の子どもにあげたこともあった。魚には可哀想だが、リリースができない以上仕方がない。

家族が大津に来ていたある日のこと、外で食事をすませてマンションに帰ってみると、今晩の夕食は白身魚のフライだったと言う。「何の魚だったの」と息子に聞くと、少し様子がおかしい。なんだか怪しいと思って家内に聞くと、なんと釣ったブルーギルをさばいたという。

釣りを楽しむ息子

疑似餌（ワーム）

田舎育ちの家内であればそのくらいのことはやりかねないとは思っていたが、現実になってしまった。「おいしかったよ」と口を揃える子どもたちを不憫《ふびん》に思ったが、すでにあとの祭りである。

太古の昔から、琵琶湖では魚が釣られていたという。琵琶湖博物館で見た遺跡から出土したもののなかに、シカの角でつくった釣り針があった。フナずしで有名なニゴロブナだけでなく、いろいろな湖魚を食べていたのだと思う。『続・びわ湖検定』によれば、ビリヒガイ(1)という魚も明治・大正時代まではよく食べられていたそうだ。明治天皇が来県の折に食べてその味を気に入り、そのあともたびたび注文されたことから、漢字で「魚偏」に「皇」と書いて「ヒガイ」と読むとのことである。

たまたまそばに琵琶湖があったので、久しぶりに釣りを楽しむことができた。手軽なレジャーとして釣りを楽しむことができる滋賀県の人が羨ましい。いつかまた、琵琶湖で釣りをする機会があるかもしれない。そのときは、ボートにでも乗ってもっと大きな魚を狙ってみたいなどと思ったりもするが、現実はそんなに甘くないだろう。

水鳥

琵琶湖では、さまざまな種類の水鳥をたくさん見ることができる。そのなかでも代表的なものを挙げればカイツブリということになるのだろう。カイツブリは滋賀県の鳥にもなっている。

（1）　コイ目コイ科に属する魚で、琵琶湖固有種。自然分布は、琵琶湖と瀬田川。

しかし、カイツブリという鳥の名前を私は今まで聞いたことがなかった。もともと一般的な鳥の名前しか知らないので、「カイツブリ」と言われても、それが鳥の名前であるとは分からなかった。名前の由来を調べると、水を「掻いて潜る」が転じたものとされていたが、なんだかしっくりこない。潜って貝を食べるので、てっきりそのことと関係があるのだろうと思っていた。古代には「鳰《にお》」と呼ばれていたというが、いつごろからカイツブリと言われるようになったのだろう。

地方自治法施行60周年記念貨幣。カイツブリと浮御堂が描かれている

鳰という言葉も、大津に勤務するまで聞いたことがなかった。転勤が決まり、住まいとなるマンションの住所を聞くと、「におの浜」だった。そのときは何も知らなかったので、変わった住所だと思った記憶がある。もちろん、漢字で「鳰」と書くことも知らなかった。琵琶湖畔をウォーキングしながら、小さい水鳥の群れが波に漂っているのには気付いていたが、それが「カイツブリ」や「にお」と呼ばれていることを少し経ってから知った。琵琶湖が「近淡海」と呼ばれていたことはすでに書いたが、『源氏物語』などでは「鳰の海」と呼んだ歌もあるらしい。

水を「掻いて潜る」が転じてカイツブリになったとされるだけあって、器用に足で水を掻いて上手に潜る。琵琶湖では、湖岸から少し離れた所にいるので潜るところはよく見えなかったが、琵琶湖博物館の水槽で横から見ると、水かきが付いた足で平泳ぎをするようにして潜っている。息もかなり長く続くようで、水の中を自由自在に動き回っていた。これであれば、魚、虫、エビ、カニ、貝などを捕まえるのに苦労することはないだろう。見た目はかわいいカイツブリだが、肉食である。

　ユリカモメも、飛んでいるところや杭のようなものに止まっているところを結構目にした。調べてみると、ユリカモメは大津市の鳥になっている。大津市のほかにもいろいろな市の鳥になっていて、東京都の鳥もユリカモメである。そういえば、東京湾臨海部を無人で走る新交通システムの愛称が「ゆりかもめ」であった。夏に北のほうで繁殖し、冬に南下してくる。日本へやって来る小型のカモメは、ほとんどがユリカモメらしい。

『びわ湖検定』に、「冬に、びわ湖から京都へと毎日、人が通勤するように移動する鳥は次のうちどれか」という問題があり、その解答はユリカモメである。日中を京都の鴨川で過ごしたユリカモメは、夕方になると琵琶湖へ来て夜を過ごし、翌朝再び鴨川に向かって飛び立つ。このような行動を「ユリカモメの通勤」と呼ぶらしい。何でも仕事に結び付けてしまうのもどうかと思うが、混んだ電車に乗らないですむのは羨ましいかぎりである。

　コハクチョウも、近江大橋の近くの湖面で二、三羽見かけたことがある。オオハクチョウも少しは飛来するようであるが、琵琶湖で白鳥と言えばコハクチョウのことらしい。大きさの違い以外に、嘴《くちばし》の黄色い部分の大きさや先端の尖り具合でも見分けることができるとのことであるが、両方が並んでいなければ私には区別がつきそうにない。カイツブリなどの小型の水鳥に交じって、ハクチョウは大きく見えた。いろいろな水鳥がいる琵琶湖、きっと暮らしやすいのだろう。

また、琵琶湖にはカモもたくさんいる。冬場の鴨鍋が有名であるが、禁猟区である琵琶湖ではカモを捕獲することはできない。そのことを知っているカモたち、人間が近づいてきても決して逃げない。

鴨鍋用のカモは、北陸地方などから仕入れているそうだ。もともと琵琶湖にたくさんいたカモを料理していたことから名物になったと思うのだが、今では名物料理を維持するために他県からカモを調達している。まったくもって皮肉な話である。

ラムサール条約[2]は湿地の生態系の保全を目的としている。正式名称は「特に水鳥の生息地として国際的に重要な湿地に関する条約」である。琵琶湖は、一九九三年に日本で九番目の登録湿地の指定を受けた。また、生物多様性条約というものもあり、二〇一一年一〇月には名古屋で条約締結国による国際会議が開催された。地球環境を保全しつつ持続可能な社会を築いてゆくための取り組みがますます重要になってきており、今後も琵琶湖は注目されることになるだろう。

「におの浜」で暮らすことがなければ、あんなにもたくさんのカイツブリを見ることはできなかっただろう。琵琶湖が「鳰の海」と再び呼ばれる時代が、いつかまた到来することがあるのかもしれない。

川

県内に源を発するほとんどの川は琵琶湖に流入しているが、琵琶湖から流出している川は瀬田川だけである。近畿圏の人々にとって、琵琶湖はまさしく「水がめ」となっている。『びわ湖検定』によれば、琵琶湖に流入する河川は約五〇〇本あり、そのうち一級河川は一一九本となっている。流域面積が大きい順に五つの河川を挙げると、野洲川《やすがわ》、姉川、安曇川《あどがわ》、日野川、愛知川《えちがわ》とのことである。いずれの川の流域面積も二〇〇キロ平方メートルを上回っており、実際見たときも大きな川だと思った。琵琶湖から流出するのは、自然河川としての瀬田川以外に、人工的に造られた水路として琵琶湖疏水がある。

大津から長浜方面へ向かうと、まず瀬田川を渡ることになる。今でこそ近江大橋や名神高速があるが、かつては瀬田唐橋しかなかった。交通の要衝であった瀬田唐橋は、本能寺の変（一五八二年）の際には火を付けられている。続いて、野洲川、日野川、愛知川を順に渡っていくことになる。いずれも鈴鹿山脈に源を発していて、下流部では川幅が広くなっている。野洲川はかつて二股に分かれていたが、水害をきっかけにして放水路に一本化されたとのことである。

湖北を東西に横切る姉川は、浅井長政（一五四五～一五七三）・朝倉義景（一五三三～一五七三）の連合軍が織田信長・徳川家康（一五四二～一六一六）の連合軍と戦った「姉川の

（２）（Ramsar Convention）水鳥を食物連鎖の頂点とする湿地の生態系を守る目的で、1971年２月２日に制定され、1975年12月21日に発効した。1980年以降、定期的に締約国会議が開催されている。

合戦」として有名である。一五六九年に行われたこの戦いでは、四時間にわたる激戦の末、浅井・朝倉軍に九六〇〇人、信長・徳川軍に五〇〇〇人もの死者を出して信長が勝利を収めている。姉川はきっと血に染まっていただろう。長浜市から湖北町へ国道8号線を車で走ると短い橋を渡ることになるが、その下を流れる姉川に往時の面影を感じることはできるのだろうか。

「姉川」というからには「妹川」があってもおかしくない。『続・びわ湖検定』によれば、民話「姉川と妹川」では、伊吹山の麓の屋敷に住む姉妹が竜となって二筋の川をつくり、村を洪水から救ったということである。姉の竜がつくったのが姉川で、妹の竜がつくったのが妹川、この川は姉川に合流する高時川のことだとされている。己高山《こだかみやま》の麓にある古橋の集落へ行ったときに見た高時川は、思ったよりも川幅があり、雪解け水のせいか流れが結構速かった。

湖西の安曇川《あどがわ》は比良山地を北へ下ったあとで右に折れ、東に進んで琵琶湖に注いでいる。安曇川が運んだ土砂が堆積し、三角州を形成して水田が一面に広がっている。安曇川を渡る少し手前の高島バイパス沿いに道の駅があって、フナずしを食べた記憶がある。それにしても、「あどがわ」とはなかなか読めないと思う。古代史最大の謎と言われる継体天皇（四五〇～五三一・第二六代）の伝説もあり、不思議な土地である。

安曇川《あどがわ》と言えば、針江のカバタが有名である。『びわ湖検定』によれば、滋賀県の農村に上水道が普及したのは昭和三〇年代で、それまでは川と井戸の水を生活用水として使っていたらしい。「カワト」とも呼ばれているが、ここ針江では「カバタ」と呼ばれ、現在でも川から水路を引いて水を集落に引き込み、野菜を洗ったり、顔を洗ったり、風呂の水に使ったりしている。地元の人たちが見学コースを設定しているとのことだが、あいにくと私は見学をし損ねてしまった。

たくさんの川が流入するにもかかわらず、流出するのが瀬田川の一本だけという琵琶湖は、台風や長雨で水位が上昇するとなかなか水が引かず、周囲の田畑が浸水したり、川の下流の堤防が決壊したりするという被害がこれまでに多かったようだ。前出の『12歳から学ぶ　滋賀県の歴史』によれば、江戸時代にも瀬田川の浚渫《しゅんせつ》が何度か行われている。さらに、明治時代にも大規模な浚渫が行われたあと、流量を調節するため南郷洗堰《なんごうあらいぜき》が一九〇五年に完成している。今でも、瀬田唐橋を少し下ると煉瓦造りの南郷洗堰を見ることができる。

瀬田唐橋あたりでは川幅も広く、ボートやカヌーの練習をしている姿が見られるが、南郷洗堰をすぎてしばらくすると流れが一変する。南郷洗堰は現在使用されておらず、

針江のカバタ（『台所を川は流れる』111ページより）

その下流にある瀬田川洗堰で琵琶湖からの流出水量と水位をコントロールしている。琵琶湖の水を水道水として利用する人口は、近畿圏で一四〇〇万人以上に上るということである。ちなみに、ダム建設の中止で有名になった大戸川は、瀬田川洗堰の南で瀬田川に合流している。

なくなってしまった川もある。草津川は田上山系を源流としていたが、奈良時代以降の乱伐によって江戸時代後期にはハゲ山となったとされている。荒廃した山地から大量の土砂が流出したことにより、草津川の川床が上昇して天井川となった。一九七三年から放水路による平地河川化が進められ、二〇〇二年には完全に放水路に切り替えられて旧草津川は廃川となった。天井川の上を越えていた橋を取り壊し、道路を平らにする工事も行われていた。

琵琶湖は淀川水系の流域面積の約半分を占めており、洪水時には調節池としての役割を、渇水時には貯水池としての役割を果たしている。その存在が貴重であることは言うまでもない。

南郷洗堰（うしろは「アクア琵琶」）と瀬田川洗堰

山

滋賀県の最高峰が伊吹山（一三七七メートル）であることは、県内ではよく知られている。長浜から見える伊吹山は、古くから霊峰と崇められただけあって風格が漂っており、日本百名山の一つにも数えられている。

『続・びわ湖検定』によれば、江戸時代の書物に、織田信長がポルトガルの宣教師に伊吹山で薬草園を造らせ、本国から三〇〇〇種もの薬草が移植されたとある。その名残と思われるヨーロッパ原産の植物が伊吹山で三種類見つかっているというから、本当のことなのだろう。新しいもの好きと言われている信長らしい話で、おもしろい。伊吹山は平安時代から薬草が多く自生していることで知られていて、麓には立ち寄り湯の薬草風呂もあるらしい。

伊吹山は石灰岩質でセメントの生産に適している。『12歳から学ぶ　滋賀県の歴史』によれば、一九五二年、大阪窯業セメント（現在の住友大阪セメント）伊吹工場が、伊吹山の麓で操業をはじめ、東海道本線との間に運搬用の路線が敷かれ、蒸気機関車が走っていたという。翌年には生産量が全国第六位になった工場も、二〇〇三年には操業を停止している。現在では、緑化にも取り組んでいるようだが、かつては山の形が変わるほど採掘されたらしい。

県内で二番目に高い金糞岳《かなくそだけ》（一三一七メートル）は伊吹山の北西に位置している。『続・びわ湖検定』によれば、民話「竹生島の話」では、夷服岳《いぶきだけ》と浅井岳《あざいだけ》が高さ比べをしたところ、少しだけ浅井岳のほうが高かったために夷服岳の神が怒り、刀で浅井岳の首を切り落としたとされている。切られた首はコロコロと転がり、琵琶湖に落ちて竹生島になったという。金糞岳の神である浅井《あざい》比売命《ひめのみこと》は竹生島神社に祀られているというから、りっぱなオチが付いている。

　琵琶湖畔を歩いていると、西側のすぐ近くに比叡山、北西の奥に比良山系を見ることができた。比叡山は近いので、山頂付近にいくつかの建物があることも下から見て分かる。京都との県境にあり、大津からでも京都からでも行けるので、京都の山という印象をもっている人もいるのではないだろうか。日本一長いと言われるケーブルカーに坂本から乗って一度だけ登ってみたが、かつては女人禁制と言われた山も今では老若男女の観光客でいっぱいだった。

　一方、比良山系は比叡山よりも奥にあるのでかなり遠くに見え、冬になると雪をかぶっていることも少なくない。その風景は、近江八景の一つ「比良の暮雪」と言われるのもよく分かる。比良山系は、西北を安曇川《あどがわ》、南東を琵琶湖

坂本ケーブルの坂本駅
〒520－0116　大津市坂本本町4244　TEL：077－578－0531

で区切られており、最高峰は武奈ヶ岳《ぶながたけ》（一二一四メートル）とされている。『琵琶湖周航の歌』の五番で「比良も伊吹も夢のごと」と歌われていることからも、滋賀県の人々にとっては馴染みの深い山なのだろう。

冬の夜明け前にウォーキングをしていると、比良山系の中央の山頂からかなり明るい光が見えることがあった。人に尋ねると「琵琶湖バレイのスキー場ではないか」と言われて納得した。湖西道路を北へ走り、堅田あたりをすぎると比良山系が見えはじめる。高さはそれほどでもないが勾配がとても急なので、登るのは大変だろうと思っていた。今ごろになって、蓬莱山（一一七四メートル）にもロープウェイがあったことを知り、登っておけばよかったと思っている。

「近江富士」と呼ばれる三上山は、名神高速を長浜方面へ走り、栗東インターをすぎると左手に見えてくる。標高は四二七メートルしかないが、たしかに円錐形で富士山の形をしている。富士山を造るために掘ったあとが琵琶湖になったという伝説をある人から聞いたことがあるが、その話では、最後のモッコの一杯を担いだときに一番鶏が鳴いて土をこぼしてしまったのだそうだ。そのために富士山の頂上は平らになってしまい、モッコからこぼれた土でできたのが三上山ということになっている。

賤ヶ岳（四二二メートル）は余呉湖の南、琵琶湖との間にある。一五八三年、織田信長の後継者の座をめぐって豊臣秀吉と柴田勝家が争った「賤ヶ岳の戦い」の舞台として有名である。この戦いに敗れた勝家は越前へ帰るが、秀吉軍に包囲され、お市の方とともに自害した。「新雪　賤ヶ岳の大観」として琵琶湖八景の一つに数えられるほど、その眺望は素晴らしいと言われている。車で琵琶湖を一周したときに「賤ヶ岳トンネル」は通ったが、あいにくと山には登っていない。

滋賀県は周囲を山に囲まれた盆地であり、中央部に面積の六分の一を占める琵琶湖がある。盆地の北東には伊吹山や金糞岳のある伊吹山地があり、南の関ヶ原でいったん低くなったあとに鈴鹿山脈が続き、その最高峰が御池岳（一二四七メートル）である。盆地の西には比良山系がある。琵琶湖からはこれらの一〇〇〇メートル級の山々を見ることができ、山に登れば琵琶湖を見ることができる。もう少し大津に住んでいたら、もっと多くの山に登ることができたと思う。

風と波

大津は風が強かった、という記憶がある。とくに、冬には冷たい風が吹くので、体感温度は寒く感じられた。一日中風が吹いているというわけではないが、ときおり吹く風は強かった。

琵琶湖では、湖上と陸地の昼夜の気温差によって生じる「湖陸風」が吹く。『続・びわ湖検定』によれば、日中は太陽の熱で湖上よりも陸地のほうが暖かくなる。そうなると、陸地の上昇気流が強くなるので湖上から陸地に向かって風が吹くことになる。夜間は陸地のほうが湖上よりも冷えるため、陸地から上昇気流の強い湖上に向かって風が吹く。前者の風を「湖風」、後者を「陸風」と言い、合わせて「湖陸風」と呼ばれている。

風が吹けばさざ波が立つ。先にも書いたように、「さざなみの」が志賀の枕詞である。『琵琶湖周航の歌』の一番の後半に「のぼる狭霧や　さざなみの　志賀の都よ　いざさらば」という歌詞があるが、枕詞を使っていることを滋賀県出身の数人に聞いても誰も知らなかった。

万葉集には、「楽浪」と書いて「さざなみ」と読ませる歌がいくつかある。『万葉集』（角川ソフィア文庫）によれば、「楽浪」は琵琶湖西南岸地方のことで、「神楽浪」の略で、神楽のはやしに「ササ」と掛け声をすることからくる、とされている。古代の人が、朝夕に吹く風とさざ波を、神の仕業と思ったとしてもおかしくはない。波頭が見えることもあったが、やはりさざ波のことが多かった。さざ波が立つくらいの風は、ウォーキングをしていても心地よかったし、不思議とさざ波を見ると心が和んだ。

「比良八荒《ひらはっこう》」という言葉がある。天台宗の寺院で、旧暦二月二四日（新暦では三月下旬から四月上旬ごろ）に法華経八巻を講ずる法要を「法華八講」と言う。かつては比良山系にも多くの僧坊があったことから「比良八講」とも言われ、ちょうどそのころに強い局地風《おろし》が吹いて天候が荒れることから、「比良八荒」と呼ぶようになったらしい。比良おろしの一種であり、湖西では「荒れじまい」とも呼ばれ、これが吹かないと春が来ないとされている。

一九四一（昭和一六）年四月六日、旧制四高（現金沢大学）のボート部員一一人が琵琶湖で訓練中、比良八荒の突風のために遭難し、全員が死亡するという惨事となった。この痛ましい事故をもとにして、哀悼の意を込めてつくられたのが『琵琶湖哀歌』である。『琵琶湖周航の歌』ほど有名ではないが、同じように琵琶湖の情景が歌われていて趣のある歌だ。

平地が少なく急峻な山が迫っている琵琶湖西岸では、比良八荒でなくても局地風が起きやすいのだろう。だから、湖西線は強風が原因で遅れが出たり、運休になったりする。冬のJR大津駅でも、帰宅時にホームで電車を待っているとかなり強い風が吹くことがあった。自動販売機の陰に隠れて電車を待っていたりしたが、とても肌寒く感じた。駅の南口側はすぐに山が迫っているので、吹きおろしの風が吹くのだろう。

『続・びわ湖検定』によれば、大津市付近の琵琶湖上に吹きおりる南西の強風のことを「三井寺おろし」と言うらしい。静かだった湖上に急に吹き出すことが多く、ボートやヨットを転覆させる原因にもなるというから、やっかいである。低気圧が日本海を東へ進む気圧配置のときに起こるとされているので、事前にその日の天気予報をよく見ておかなければいけないようだ。のどかに見える琵琶湖での船遊びも、結構大変なのかもしれない。

滋賀県広報課、2010年

冬に日本海から吹く季節風は雪を連れてやって来る。東海道新幹線では、雪のために米原と関ヶ原の間で速度を落として走行するということがたびたび起きる。雪と言えば、滋賀県が二〇一〇年一月に発行した「なるほど滋賀」には、「滋賀なんでもベスト3」というページがあり、全国第一位のなかに「国内観測史上最深積雪一一・八二メートル」が載っている。一九二七年二月一四日に伊吹山で記録したということであるが、豪雪地帯と言われる地域がほかにもあるなかで意外な感じがした。

湖北や湖西の滋賀県北部は、冬場の気候が日本海型気候に近いのか、冬に東京から大津へ戻る東海道新幹線に乗ると、関ヶ原をすぎて米原、彦根あたりまでは、空がどんよりと曇っていて雪が積もっていていることも多かった。この空模様が続くのだろうかと思っていると、近江八幡あたりから雲が切れて見る見るうちに空が明るくなる。改めて日本地図を見ると、琵琶湖の所でくびれている。日本海から本当に近いことが分かる。

琵琶湖に吹く代表的な風である比良八荒にちなんだ『琵琶湖哀歌』、その風によって起きるさざ波を歌詞にもつ『琵琶湖周航の歌』というように、琵琶湖には風と波が付きものである。琵琶湖のそばに住んでいたので、湖畔で風を感じながら波を見ることが多かった。強い風が吹いて波立っていることもあれば、微風が吹いてさざ波が見えることもあった。最後に出勤した日の朝、いつものように琵琶湖畔を歩きながら、しばらくは見納めだと思うと何となく寂しくなった。

私にとって、大津は風の街であり、琵琶湖で思い出すのはさざ波である。東京への転勤が決まったとき、「さざなみの　志賀の都よ　いざさらば」という歌詞が本当になってしまったような気がした。

マザーレイク

「マザーレイク」という言葉がある。琵琶湖を示すキャッチフレーズとして滋賀県ではよく見たり聞いたりしたが、大津に勤務する以前にはあまり聞いたことがなかった。

いつごろからマザーレイクという言葉が使われはじめたのかと思ってインターネットで調べてみると、二〇〇〇年三月に当時の滋賀県知事の國松善次氏が「マザーレイク21計画」なるものを策定していた。その経緯については、一九七二年度にスタートした琵琶湖総合開発事業が一九九六年度に終了したことを受けて、一九九七年度から二か年にわたって国の関係六省庁が共同実施した「琵琶湖の総合的な保全のための計画調査」の成果を踏まえて策定したとされている。

マザーレイクのシンボルマーク

現在の滋賀県は、青く塗りつぶした琵琶湖の地図をバックに、英語で「Mother Lake」と書いたものをシンボルマークとしている。母なる湖、琵琶湖と共生していく県の姿勢を強く表しており、県庁の人たちの名刺にも刷られてあった。マークの著作権は滋賀県が有しており、商標法に基づく届け出も済ませているとのことである。また、県のホームページには「マザーレイク滋賀応援サイト」があり、県外広報誌として〈マザーレイク〉が季刊で発行されている。

このように、滋賀県ではマザーレイクが頻繁に使用されているわけだが、琵琶湖がマザーレイクとされる理由は何だろう。「マザーレイク21計画」策定の趣旨説明には、「我が国最大の湖で、その起源は四〇〇万年前にまでさかのぼることのできる世界でも数少ない古代湖の一つ」、「長い歴史のなかで琵琶湖にしかいない五〇種を超える固有種をはじめとする豊かな生態系」、「少なくとも数万年前から人間が住みはじめて以来、人々は湖の恵みを享受」といったことが書かれていた。

フランス語では、海は女性名詞とされている。性別のあるすべての言語がそうとはかぎらないのだろうが、山よりも海のほうが女性に似合っているような気がする。すべての生命は海から生まれたと言われていることも関係しているのだろう。穏やかな海の優しさが女性のイメージと重なるようにも感じるが、一方、荒れた海の厳しさは山を凌ぐものがある。しかし、外海と比べれば琵琶湖は穏やかであり、「マザー」という言葉がふさわしいのかもしれない。

『びわ湖検定』によれば、「内湖《ないこ》」とは、本来琵琶湖の一部であった水域が、砂川や砂嘴《さし》、浜堤あるいは川から運ばれた土砂などによって琵琶湖と隔てられて独立した水塊となったが、水路などで琵琶湖との水系がつながったままの水域と定義されている。琵琶湖を母と考えれば、内湖は子どものような存在ということもできるのではないだろうか。最大の内湖であった大中《だいなか》の湖《こ》をはじめとして多くの内湖が干拓で消失していく様子を、琵琶湖はいかに見てきたのだろうか。

元「ミスびわこ」という人に会ったことがある。常々、清楚できれいな方だと思っていたら、知り合いからそのことを教えられた。そういうミスコンがあったのかと思って調べてみたが、結局

「ミスびわこ」のことはよく分からなかった。「びわ湖大津観光大使」というものがあるので、もしかしたらそのことかもしれない。「ミスびわこ」を調べているときに偶然見つかった大津青年会議所の理事長ブログには、「この観光大使は以前はミス大津という名称でした」と書かれていた。

滋賀県の山について記したところで、「富士山を造ろうと地面を掘った跡が琵琶湖になったという伝説がある」と書いたが、その話を教えてくれたのがこの「元ミスびわこ」の白井さんであった。高い山の麓に湖があることが多いので、伊吹山と琵琶湖は地勢的に何か関係があるのではないかという話をしたら、富士山で似たような話があると教えてくれた。私のつまらない空想話に付き合ってくれる人はそんなにはいない。見た目だけではなく、人柄もとてもよい人だった。

今の時代、ミスコンはあまり流行らないのだろう。「ミス大津」が「びわ湖大津観光大使」になったのにも、いろいろな事情があるにちがいない。「びわ湖大津観光大使」の場合は主婦も応募できるようなので、いっそのこと「マザー」を対象に「Ms.（水）Biwako」を公募してみてはどうだろうか。育児をしながら社会でも活躍されている女性はたくさんいるので、企画としては悪くないと思うがいかがだろうか。

それにしても、「マザーレイク」とはうまいことを言ったものだと思う。琵琶湖が京阪地区の水がめであるという意味でも、「母なる湖」と言えるだろう。すべての生命が海から誕生したかどうかについてはよく分からないが、水を見たとき、不思議と気持ちが落ち着くのは事実である。

まして、そのまま飲むことができる淡水は、海水よりも人間にとって親しみが湧くにちがいない。琵琶湖の花火大会は、さしずめ母に見守られながら子どもが火遊びをしているということになる。

先日、久しぶりに滋賀県へ行く機会があり、長浜と大津で琵琶湖を眺めることができた。相変わらず満々と水を湛え、波も穏やかでマザーレイクの優しさが感じられた。

縦走雪見船

琵琶湖には「南湖」と「北湖」がある。南湖では琵琶湖汽船の「ミシガン」に乗った。北湖では船に乗ったことがなかったが、東京への転勤前に「冬のびわこ縦走雪見船」に乗ることができた。

大津に住みはじめてからミシガンに乗るまで、一年以上かかった。琵琶湖畔から大津プリンスホテル港に寄港するミシガンを何度となく見ていたが、正直なところそれほど乗りたいとは思わなかった。自分のなかで、何となく観光客が乗るものと決めていて、仕事の都合とはいえ、大津に住んでいる自分が乗るものとは思っていなかった。船に乗るのが嫌いというわけではないが、琵琶湖であれば湖畔から見ているし、船に乗ったからといってそんなに違うものではないだろうと考えていたわけである。

そんな私がミシガンに乗ることになったのは、二〇一〇年一月、知人が一泊二日で大津に遊びに来たからである。琵琶湖周航の歌資料館のところで述べた通り（五〇ページ）、一日目は、昼に今津で鴨鍋を食べてからおごと温泉の旅館に泊まることにしたが、二日目は何をしようかと迷った。帰りの時間を考えるとそれほど時間はかけられない。大津と言えば琵琶湖なので、やっぱり船に乗ってもらうのがいいと思ってミシガンに乗ることにした。

乗船当日はよく晴れていた。旅館を早めに出てレンタカーを返し、京阪膳所《ぜぜ》駅から電車に乗って浜大津駅で降りると、大津港はすぐ目の前である。改札口の前で朝市をやっていたが、時間がなかったのでそのまま通りすぎた。チケット売場で乗船料金を支払ったあと、待合室で少し待った。午前中だというのに乗船客はかなりいて、それなりに人気があることが分かった。しばらくすると乗船を促すアナウンスがあったので、待合室から出て乗り場へ向かった。

ミシガンから見える風景は、湖畔から見えるものとは違っていた。いつもと見ている方向が逆なので、当たり前である。大津プリンスホテル港からの乗船客を乗せるため、まず近江

琵琶湖汽船のミシガン

大橋方面へ向かうと、いつもウォーキングしている湖畔や見覚えのある建物が見えてきた。何となく不思議な感じである。大津プリンスホテル港からの客を乗せると、ミシガンは琵琶湖大橋方面へと向かう。橋の手前で折り返して、湖の西岸沿いを大津港へ戻る。浮御堂や「びわ湖大津館」といった特徴的な建物も見ることができた。晴天に恵まれたこともあって、八〇分のモーニングクルーズは快適なものだった。ゆっくりと進むミシガンから見える風景を楽しみながら飲むコーヒーは格別美味しかった。

コーヒーを飲み終わったころに、三階ステージでのショータイムを知らせるアナウンスがあった。ジャグリングなどの芸を軽妙にこなす若い男性の二人組に続いて、オーストラリアから来たという女性のギターの弾き語りがあったりして、ショーを楽しんでいるうちに大津港に戻った。

すっかりミシガンのことばかりを書いてしまったが、今回のメインテーマは縦走雪見船である。ミシガンに乗ったおかげで琵琶湖で船に乗る楽しさを知ることができたわけだが、所詮は南湖であって琵琶湖の一部でしかない。北湖まで船で行かなければ、琵琶湖本来の大きさは体感できない。そんなとき、ちょうどいいタイミングでまた友人が遊びに来ることになり、「長浜で鴨鍋を食べたい」と言い出したので、大津から長浜まで船

近江八景「堅田の落雁」で名高い浮御堂（『地域再生』243ページより）

で行くことにして縦走雪見船の予約を入れた。

当日、朝の九時前にJR大津駅の琵琶湖方面の改札口で友人と待ち合わせた。大津駅とつながっている滋賀観光物産情報センターが九時から開くので、創業三四〇年余の歴史をもつ平井酒造の「浅芽生《あさぢを》」のワンカップを買った。飲んべえの友人は「一人二カップがいい」と主張したが、朝から飲みすぎてもいけないと思って一人一カップにした。物産センターの女性に「ふなずしあられ」をおつまみにすすめられて、きれいな人にめっぽう弱い私は、ついつい一緒に買ってしまった。

縦走雪見船の出発時間までには少し時間があったので、大津港まで歩いていくことにした。「ふなずしあられ」だけでは物足りない気がしたので、駅前の商店街にある佃煮屋の「大津屋」でコアユを煮たものも買って、大津港を目指した。

ミシガンのときと同じように、待合室で少し待ってから乗船した。縦走雪見船は小型の高速船で、一階の最前列とそのうしろの二列目の左手に友人と席を取った。運航期間のピークをすぎていたせいか乗船客はまばらだったが、四人連れの家族のほうを見ると、今回の乗船を楽しみにしているのがうかがえた。その日はあいにくと曇りがちで、ときおり小雨も降っていた。船の外に出ることは考えられなかったので、一階の船窓から外を眺めながら出航するのを待った。

商店街にある平井酒造。この商店街に「大津曳山展示館」がある

動きはじめると、ミシガンとはスピードが明らかに違った。船酔いする前にお酒で酔ってしまおうと、早速ワンカップの蓋を開けた。ふなずしあられは、その風味をあまり感じなかったが美味しかった。コアユのほうはおつまみにピッタリで、琵琶湖大橋の手前でワンカップはなくなってしまった。友人からは、「だから一人二カップがいいと言ったのに」と文句を言われた。船内の売店で、お燗をした別の種類の「浅芽《あさぢ》生《を》」を買うことになってしまった。

　琵琶湖大橋をすぎたあたりからさらにスピードも速くなり、波しぶきを立てながら船は進んでいった。まず、対岸かと見まちがえる「沖島」が見え、続いて「沖《おき》の白石《しらいし》」が見えるというので少し外に出た。船はひたすら北へ進んで、「多景《たけ》島《しま》」と「竹生島《ちくぶじま》」の間を長浜港へと向かった。さすがに南湖とは比べ物にならないくらい北湖は大きく、まさに海といった感じであった。ただ、天気が悪かったので、残念ながら琵琶湖を取り囲む山々の雪を見ることはできなかった。

　琵琶湖の本当のよさは船に乗らなければ分からない。そし

乗船記念にもらったポストカード

て、その雄大さは北湖まで行かなければ分からない。友人が来るというので予約したわけであるが、このあとすぐに東京への転勤が決まり、大津にいる間に縦走雪見船に乗ることができて幸運だった。

持続可能な社会

外務省のホームページによれば、「環境と開発に関する世界委員会」が一九八七年に公表した報告書「Our Common Future」の中心的な考え方として「持続可能な開発」という概念を取り上げたとされている。

この報告書は、「環境と開発に関する世界委員会」の委員長を務めたブルントラント・ノルウェー首相（当時）の名前をとって「ブルントラント報告」と言われている。一九九二年に「国際環境開発会議」（地球サミット）、二〇〇二年には「持続可能な開発に関する世界首脳会議」（ヨハネスブルグ・サミット）が開催されている。日本からは小泉純一郎元首相がヨハネスブルグ・サミットに出席しており、二〇〇三年三月に「循環型社会形成推進基本計画」が閣議決定された。

「持続可能な開発（Sustainable Development）」という概念は、環境と開発を互いに反するものではなく共存し得るものとして捉え、環境保全を考慮した節度ある開発が重要であるという考えに立つものである。また、持続可能な開発が行われ、持続可能性をもった社会が「持続可能な社会(Sustainable Society)」と言われ、その実現に向けて持続可能な生産・消費形態への転換が必要であると考えられている。なんだか「持続可能」だらけになってしまった。

ご存知の方も多いと思うが、「循環型社会システム研究所[3]」というところがある。長浜市の中小企業の経営者である森健司氏が代表を務め、〈MOH通信〉という冊子を発行している。冊子のタイトル「M」は「もったいない」、「O」は「おかげさま」、「H」は「ほどほどに」を表しており、「もう」に引っかけて牛がイメージキャラクターになっている。この通信の発行目的として、循環型社会構築に向けた意識改革、浪費型社会通念の脱却、人生哲学を学ぶ、といった点が掲げられている。

森氏の著書に『中小企業にしかできない持続可能型社会の企業経営』というものがある。そのなかで「経済至上主義型社会」を脱却し「持続可能型社会」を実現していくには生活者の意識が変わる必要があり、未来永劫にわたってその生活者とともにあり続けるのは中小企業である、と説かれている。「あとがき」の最後のところに、「ときには既得権をもつ抵抗勢力の抵抗にあって、戦うことも辞さない決意が必要である」と書かれていたことに森氏の覚悟を感じた。

サンライズ出版、2008年

〈ＭＯＨ通信〉で、琵琶湖環境科学研究センター長の内藤正明氏が森氏と対談していた。びわ湖検定のところで書いたように（四四ページ参照）、受験者向けのセミナーで内藤氏の講演を聞いたことがある。講演の内容は「滋賀をモデルに、持続可能な社会を描く」というもので、びわ湖検定の受験対策にはならなかったが興味深いものだった。話の展開は忘れてしまったが、一九六五年ごろの生活のイメージという話があって、自分が小学生のときのことだと思った記憶がある。

講演でもらった資料を改めて取り出して見ると、「二つの持続可能社会の姿」というくだりがあった。講演のときは参考資料という扱いだったのだろうか、あまり説明を受けた記憶がない。「二つの持続可能社会の姿」として、「自然共生型社会」と「高度技術型社会」が対比されている。自然の力を活用した小規模の適正技術を振興するのが「自然共生型社会」で、国が先導するような大規模な先端技術に支えられるのが「高度技術型社会」とされ、どちらを選ぶかが問われている。

資料では、さまざまな観点から「自然共生型社会」と「高度技術型社会」が対比されている。価値観について、「自然共生型社会」では「地球は有限である」という考えに基づいて「三方よし」と「もったいない」が挙げられている。一方、「高度技術型社会」では、「地球は無限のフロンティアをもつ」という考えに基づいて「競争し、成長しあうことが重視される」となっている。地球を有限と見るか無限と見るかという点に、根本的な考え方の違いがあるのだろう。

滋賀県は、「持続可能な滋賀社会ビジョン」および「第三次滋賀県環境総合計画」のなかで、二〇三〇年に温室効果ガスの排出量を一九九〇年比で五〇パーセント削減するという目標を掲げている。また、新たなエネルギーの活用についても、各地域の自然的・社会的特性を踏まえつつ、太陽光発電やクリーンエネルギー自動車などの普及を図るとともに、バイオマスや小水力などの利活用のあり方を検討しながら新エネルギーの導入・普及を進めていくとしている。

『続・びわ湖検定』によれば、愛東町（現・東近江市）では二〇〇五年一月、「あいとうエコプラザ菜の花館」を開設している。菜の花館は、缶やビン、廃食油など資源ゴミの搬入施設であるとともに、廃食油からバイオディーゼル燃料（ＢＤＦ）を精製するプラント、収穫した菜種を乾燥させて油を搾《しぼ》るプラント、籾殻を燃やして炭化するプラントがあるという。また、草津市は、二〇〇一年七月、烏丸半島に風力発電設備「くさつ夢風車」を設置した。

「自然共生型社会」と「高度技術型社会」は本当に二者択一の関係にあるのだろうか。地球の資源は有限と言わざるを得ないだろう。「石油無限説」なるものを聞いたことがあるが、額面通りには受け取れない。一方、人類の創造力は、この宇宙が続くかぎり無限に近いと言ってもいいのではないだろうか。有限な地球の資源を活用するためには無限である人類の創造力が不可欠であり、そういう意味では「自然共生型社会」と「高度技術型社会」は両立し得るような気がする。

今回調べてみると、持続可能な社会という考え方は、二〇年以上も前から言われていることが分かった。持続可能な社会の実現に向けて本当に必要なのは「持続可能な意思」かもしれない。

第4章

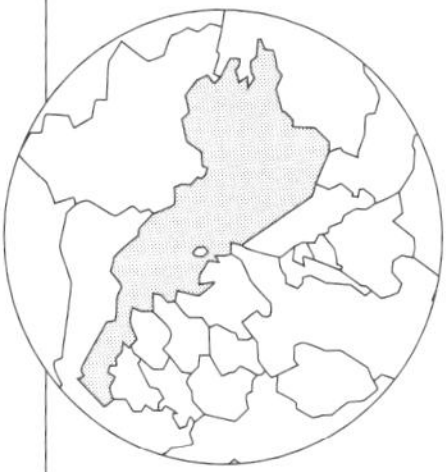

経　済

長浜の黒壁ガラス館

イオンモール

大津に赴任したとき、大津から草津方面へ近江大橋を渡ってすぐの左側で巨大な構造物の建設工事が行われていた。完成したのが「イオンモール草津」である。イオンモール自体は東京やほかの場所でも行っていたので、とくに珍しくはない。モールに入っている店舗もだいたい同じなので、どんなものかイメージすることもできた。

当時の巷《ちまた》の声は、「ほかにも商業施設があるのに客を集められるのだろうか」とか「近江大橋や周辺の道が混むことになるのではないか」といったものだった。実際に完成するのはまだまだ先のことだと思っていたが、工事は着々と進んであっという間にオープンの日がやって来た（二〇〇八年一一月二六日）。

大津から草津方面へ出張すると、自然とモールに面した道を行くことになる。オープンしてからしばらくは、それまでよりも少し車が混雑していたように思う。平日の午前にもかかわらず駐車場にたくさんの車が停まっていて、「いったい誰が買い物をしているのだろう」などと余計なことを考えたりもした。自分自身は、モール前を通過するばかりで、駐車場に入ることもなかった。

モールへ行く機会がなかったのは、私が車にかぎらず自転車さえも持っていなかったからである。週末、大津から自宅に帰ったときに車を使うことを考えれば、大津へ車をもってくるという選択肢は初めからなかった。せめて自転車ぐらいはあったほうが便利なので買おうかと思っていたが、それもなかなか踏み切れなかった。というのも、単身赴任がいつまで続くのか分からなかったし、マンションで駐輪場を借りるのも面倒くさかったからだ。それに、日常の用事は徒歩で十分すませることができた。

結局、自転車を買わないまま、イオンモールへ行くことなど忘れていたころに、マンションの近くで自転車が借りられると分かった。赴任当初、自転車で琵琶湖を一周できるという話を聞いて、レンタサイクルを真剣に探したことがあり、いいところが見つからず諦めていたが、試しにインターネットで検索したところ「なぎさ公園」（一四一ページ参照）のサンシャインビーチで借りられることが分かった。

サンシャインビーチのレンタサイクルは観光客向けで、土日や祝日だけだったと思う。平日、私には自転車に乗るだけの時間がないのでちょうどよかった。料金はなんと無料で、保証金として一〇〇〇円を支払うが、返却時には還付されるとのことだった。私にとっては、信じられないような好条件だった。なぎさ公園の近くに住んでいて、観光客向けのレンタサイクルを借りようなどと思う人はいないだろう。店側も、きっと想定外だったにちがいない。

早速、このレンタサイクルで近江大橋を渡って、イオンモールへ行ってみることにした。ウォーキングで琵琶湖畔を何度も歩いていたが、サンシャインビーチには今まで行ったことがない。本当にレンタサイクルがあるのだろうかと思いながら歩いていくと、それらしき建物が目に入った。インターネットでは午前九時から開いていることになっていたが、受付は午前一〇時からとなっていた。

しばらく待っていると、幸いなことに担当の人がやって来た。レンタサイクルを利用したいと話すと、一〇時までには少し時間があったが、倉庫まで案内してくれて自転車を借りることができた。いくつかの種類があった自転車のなかから、買い物のことを考えて普通のママチャリにした。滋賀県に来てから初めて乗った自転車は快適だった。琵琶湖畔の道を、風を受けながら走って近江大橋へ向かった。今まで何度も車で通っていた道だが、このときはいつもと違う感じがした。

車で通っているときには分からなかったが、自転車で走ると近江大橋の勾配に気が付く。湖上をわたって瀬田川へ抜ける風も結構強かった。その日は、幸い小春日和でポカポカしていたが、曇っていればかなり寒く感じられただろう。快適にペダルを漕いでいたら、いつの間にか近江大橋を渡り切っていた。近江大橋は有料道路なので料金所がある。その横を通り抜けると、モールはもう目の前である。

膳所城跡公園から見る近江大橋

初めて来たイオンモールだが、中に入ってもたいした買い物はしていない。本を何冊か買ったぐらいで、わざわざモールまで行くほどのこともなかった。買い物が終わると、再び近江大橋を渡ってマンションへ戻った。午後四時ぐらいまで借りられることになっていたので、とくに用事はなかったが、ＪＲ膳所《ぜぜ》駅や琵琶湖ホテルあたりまで出掛けてみた。自転車があるほうが楽なのはたしかである。しかし、やはり買う気にはならなかった。

イオンモールがオープンした二か月前、琵琶湖大橋のたもとの守山にもモールができている（ピエリ守山、二〇〇八年九月二〇日）。リーマンショック後、急速に景気が後退するなかで、マスコミは個人消費の低迷をしきりに伝えていたが、正月にレンタカーで出掛けたときはイオンモールの駐車場はとても混雑していた。家族との初詣の帰りに立ち寄ったのだが、駐車場に入ってから駐車できるまでにかなりの時間がかかった。そして、帰りは駐車場を出るのに同じくかなりの時間がかかった。

リゾートホテル

琵琶湖畔に面したリゾートホテルと言えば、「琵琶湖ホテル」と「大津プリンスホテル」が有名である。大津に住んでいたので宿泊する機会はなかったが、どちらのホテルへも会合などでよく出掛けている。

大津在住の物知りな田畑氏から、「現在の琵琶湖ホテルは二代目であって、元の建物は公共的な団体が使っている」と聞いていた。琵琶湖ホテルについて今さらながら調べてみると、一九三四年創業の老舗で、当初は柳が崎にあったということだった。一九九八年に浜大津に移転して開業しており、元の建物は大津市公園緑地協会が運営する「びわ湖大津館」として、多目的ホールなどに使用されている。そこへ直接行く機会はなかったが、琵琶湖汽船のミシガンの船上から建物だけは見ている。

アミューズメント施設の「浜大津アーカス」が並んで立っているのでホテルと同時に開発されたことが分かるが、アミューズメント施設のほうが先にオープンし、その六か月後にホテルが開業している。基本構想はアメリカ人の建築家（シーザー・ペリ&アソシエーツ）とのことであり、曲線を多用した建物は外観も内装も特徴的なものである。丸窓もあるので琵琶湖に浮かぶ旅客船をイメージしたのかと思ったが、ホテルの人によれば、琵琶湖の波と周りの山にマッチするように形と色がデザインされている、ということであった。

ホテルから見る琵琶湖の眺めは「素晴らしい」の一言に尽きる。会合で利用した部屋も琵琶湖に面していて、席に着く前に自然と景色が目に入る。会合後に利用するレストランからも琵琶湖が見えたので、食事の合間に話題に上ることが多かった。

東京への転勤が決まったあとに東京から来客があって、琵琶湖畔を散策したあとに琵琶湖ホテルのロビーで休憩した。コーヒーを飲みながら湖上のヨットを見ているとき、心が和む景色とも

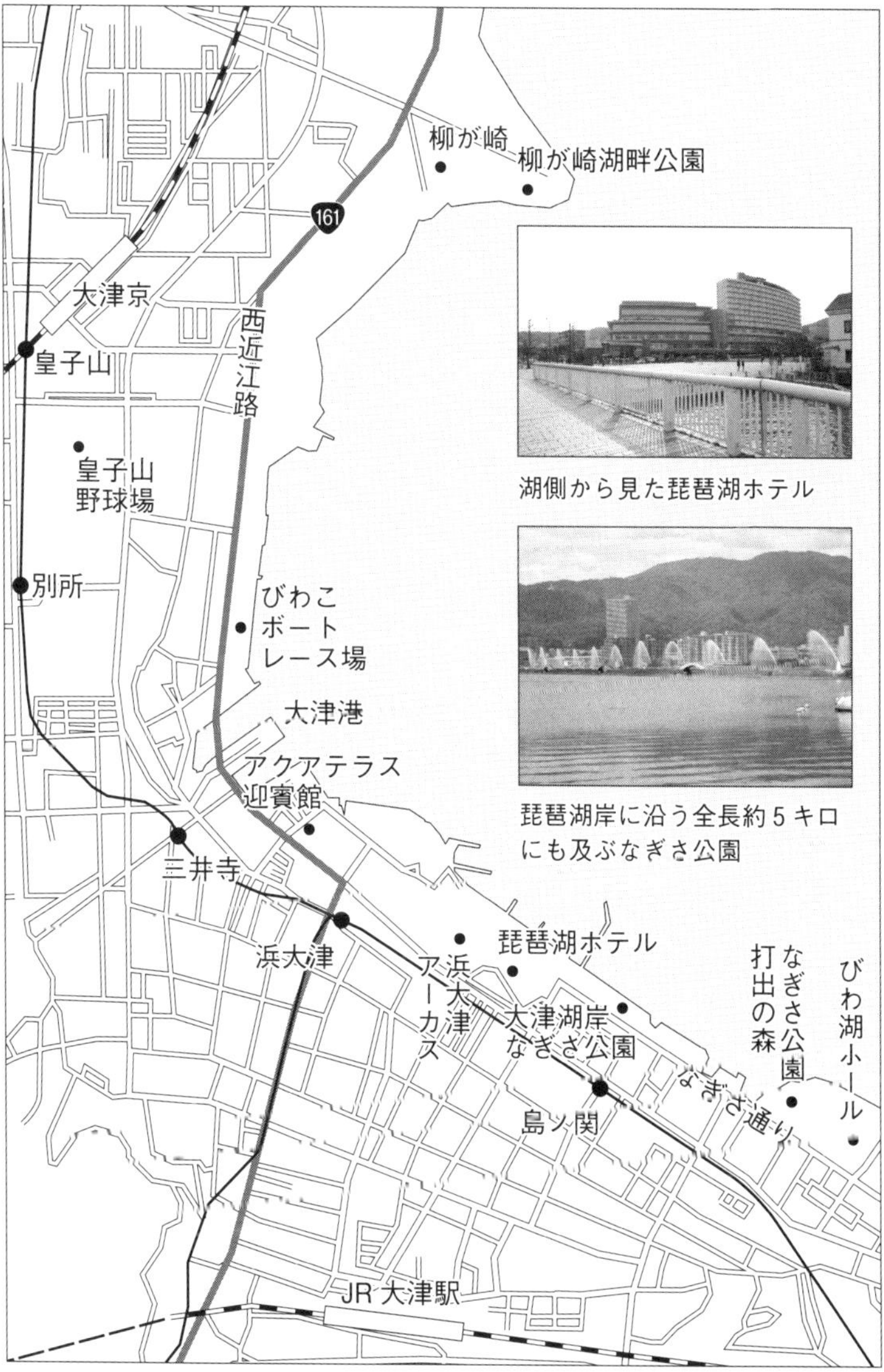

湖側から見た琵琶湖ホテル

琵琶湖岸に沿う全長約5キロにも及ぶなぎさ公園

お別れかと思うと少し寂しくなった。

玄関から入って左側の奥にある売店も気に入っていた。滋賀県の特産品がひと通りそろっていて、とても便利な店である。東近江の特産という組み紐は携帯用のストラップになっていて、今でも使っているし、大津絵の描いてあるメガネ拭きも持っている。いずれもホテルの売店で買ったものだ。ビワコオオナマズを中心に琵琶湖の魚を描いた絵も売っていて、前から欲しいと思っていたので大津を離れるのを機に買ってしまった。いずれ、額装して壁にかけたいと思っている。

大津絵が描かれているメガネ拭き

一方、大津プリンスホテルは住んでいるマンションのすぐ近くにあった。会合に車で行っても、徒歩で帰宅することが多かった。半円形の超高層の建物が琵琶湖畔に映えていて、新幹線からも見ることができる。同じく田畑氏から、「元知事の武村正義氏が、近江商人の堤義明氏を招いて建てた」と聞いていた。こちらも調べてみると、一九八九年のオープンだったので、そのときには現在の琵琶湖ホテルはなかったことになる。設計は、世界的な建築家の丹下健三氏（一九一三～二〇〇五）だった。

ホテルは三八階建てで、滋賀県で一番高いビルらしい。附属するコンベンションホールも国内最大級の規模ということで、ブッフェスタイルで最大四〇〇〇人を収容することができる。満室ということはめったにないのだろうが、スケールの大きさには驚かされる。広い駐車場の一部はテニスコートとして使用されており、隣接する住宅展示場もホテルの敷地内にある。

プリンスホテルの近くの湖岸には桟橋があって、琵琶湖汽船のミシガンに乗降する宿泊客をよく見かけた。ホテルのすぐそばの港から、琵琶湖クルーズが楽しめるのは魅力の一つにちがいない。スイミングプールもあって、宿泊客でなくても利用できるようだったが、一回も泳ぎには行かなかった。もっとも、滋賀県で泳いだのは、比良あたりで湖水浴を一回しただけである。

ホテルから眺める琵琶湖はもちろん素晴らしいのだろうが、残念ながら見る機会はあまりなかった。その代わりというわけではないが、一度だけ最上階のラウンジで飲んだことがある。そのときの夜景は見事だった。一二月の天気がいい日で、空気が澄んでいて、街の灯りを遠くまで見わたすことができた。「トップ・オブ・オオツ」と名付けられたラウンジには、時間が早いせいもあって特等席に座ることができた。まるで、空中に浮かんでいるような気持ちであった。

ＪＲ大津駅から大津プリンスホテル行きの近江鉄道バスに乗ると、琵琶湖ホテルの玄関前にも止まるようになっている。それ以外にも、大津プリンスホテルまではシャトルバスが出ている。京都から大津までは在来線で一〇分なので、京都駅から三〇分も経たないうちにホテルに着くことができる。観光客の人波で疲れたあとに二つのトンネルを抜けて琵琶湖を眺めると、雄大な自然に癒されることはまちがいない。京都に泊まるのもいいが、一度は琵琶湖畔に宿を取ってみてはいかがだろうか。

リゾートホテルは、本来、仕事で行くところではない。会合などで出掛けたとき、思いきりくつろいだカップルやプールで遊ぶ子どもたちを見て、何とも羨ましいといつも思っていた。大津で大きな会合があると言えば、この二つのホテルのどちらかだったので、かなりの頻度で行ったことになる。そのうちの何回かは本当に楽しくて今でも記憶に残っているが、すべて仕事がゆえのことである。

リゾートホテルに行けただけでも喜ぶべきなのかもしれない。とはいえ、二つのホテルにはまだ泊まったことがない。今度、大津に行くときは、必ず「遊び」で泊まりたいと思っている。

おごと温泉から堅田へ

琵琶湖が一番くびれている所に琵琶湖大橋がかかっている。そこで琵琶湖を二つに分けて、「南湖」と「北湖」という言い方をしている。南湖は北湖に比べると圧倒的に小さいが、それでも諏訪湖の四倍ほどの大きさがある。

南湖の西側を浜大津から車で三〇分ぐらい走ると、おごと温泉に着く。ここの歴史は古く、約一二〇〇年前に最澄が開いたとも言われている。日本最古の温泉とされる有馬温泉でも一四〇〇年ほど前であるから、それが本当ならかなりの古さとなる。昔のことはよく分からないが、最初に旅館として営業をはじめたのは「湯元館」で、一九二九（昭和四）年の創業というから今から約八〇年前である。現在では一〇軒ぐらいの温泉旅館があって、それぞれに特色をもっていておもしろい。温泉組合全体としても、その活動状況を聞くかぎりよくまとまっているように思える。ここに至るまで、大変な努力があったことだろう。

もともとは琵琶湖畔の静かな温泉としてスタートしたおごと温泉だが、一九七一年に京都から風俗街が締め出されると、その受け皿となってしまった。一九九〇年代後半まで「雄琴」と言えば、一般的にそういうイメージしかなかった。当時の世相を反映したものとも言えるが、「風俗街」という特定のイメージが染み付いてしまったのだ。それを変えるために、温泉組合の地道な取り組みが行われたわけである。

そんなおごと温泉に、いいタイミングで出合うことができた。温泉組合全体での取り組みは、二〇〇八年三月に駅名を「雄琴」から「おごと温泉」へ変えるなど、少しずつだが着実に成果を上げている。振り返ると、おごと温泉が辿った道は日本経済と同じなのかもしれない。戦後の高度成長を経て、爛熟した時代を過ごし、成長神話が行き詰りを見せるなかで原点に戻りつつある。今のおごと温泉が本来の姿と言えるのではないだろうか。

二〇一〇年一月、大阪から知人が遊びに来たので、一緒におごと温泉の旅館に泊まった。玄関で出迎えを受けてから中へ入ると、いかにも和風旅館らしい心地よい空間が広がっていた。琵琶湖の反対側がすぐに山なので、平地がそんなにあるとは思えないがスペースを上手く使った造りになっている。部屋からは琵琶湖を望むことができ、対岸の山から日の出がきれいに見えるとのことだった。事実、明朝は申し分のない快晴で、三上山の左手から大きな太陽が昇った。

夜になって窓から街を見下ろすと、おごと温泉の南側の一部に風俗街のネオンが見えた。道路を隔てて、温泉街とは明確に区分けされている。知人もおごと温泉に対する特定のイメージをもっていたが、思ったよりもネオンが少ないのを見て「大したことはないね」と言っていた。行楽シーズンというわけでもなかったが、旅館の中には小さな子どもを連れた家族も何組か泊まっていて、用意されたちゃんちゃんこを着た子どもたちがとても可愛かった。

浮御堂のパンフレット
〒520－0242
大津市本堅田１－16－18
TEL：077－572－0455

おごと温泉から堅田方面へ一〇分ほど行った琵琶湖畔に浮御堂がある。浮御堂は湖岸から突き出た形で建てられており、その名前の通り琵琶湖に浮かぶ御堂である。正式には「海門山満月寺」という禅寺で、九九五年ごろに源信（九四二〜一〇一七）が湖中に一宇を建立して一〇〇〇体の阿弥陀仏を刻んだのがはじまりとされている。源信は元三大師《がんさんだいし》（九一二〜九八五・良源）の弟子で、四哲の一人とされ、そのあとの浄土真宗の基礎となった『往生要集』の著者としても有名であり、「恵心僧都《えしんそうず》」と尊称されている。

現在の浮御堂は一九三七（昭和一二）年の再建で、阿弥陀仏一〇〇〇体が御堂の東西南北に安置されている。湖岸からそれほど離れているわけではないが、そこに立つと琵琶湖を一望できる。正面には対岸の山々を望み、左手に琵琶湖大橋、右手は浜大津のあたりが見える。芭蕉などの句碑もあり、古くから景色がよいことで知られていたことが分かる。冬に二回訪れる機会があったが、そのうち一回はとても風が強く、湖中の御堂へ行ってひと回りするだけでも大変だった。

堅田は、一五世紀半ばに、蓮如《れんにょ》（一四一五〜一四九九）による浄土真宗布教の拠点となった所である。五木寛之氏が著した『蓮如』（岩波新書）では、「堅田衆は、当時の交通・通運の要所である琵琶湖の、漁業権および通行権を、ほとんど独占していたグループ」とされている。その堅田衆の実力者で本福寺《ほんぷくじ》の住職であった法住《ほうじゅう》（一三九七〜一四七九）が、蓮如の近江での活動を熱心にサポートした。

おごと温泉を開いたと言われる最澄は、湯に浸かったのだろうか。伝教大師の再来と称えられる元三大師やその弟子の源信は、比叡山を下りて温泉に入る機会はあったのだろうか。また、比叡山からの攻撃を受けて近江から越前へ逃れることになった蓮如や堅田衆は、ひとときでも温泉で疲れを癒すことができたのだろうか。現在のような温泉街ができたのは昭和になってからであるが、歴史上多くの人物が行き来した場所であり、いろいろな想像がかきたてられる。

泊まった旅館には露天風呂があって、そこから月がくっきりと見えた。夜明け前に入ったときには、星もきれいに輝いていた。まさに、極楽気分であった。また機会があれば、おごと温泉に行きたいと思っている。

黒壁

滋賀県内の観光地として、神社仏閣を除けば一番有名なのは「黒壁」ではないだろうか。滋賀県についてはよく知らないが、黒壁のことなら聞いたことがあるという人に会うことが多い。

少し古いデータだが、〈産経新聞〉の記事によれば、二〇〇七（平成一九）年の滋賀県内の観光地を観光客数でランキングすると、一位が「黒壁ガラス館」（二一一万人）、二位が「多賀大社」（一七八万人）、三位が「彦根城」（八八万人）となっていた。一、二位は前年と変わらず、三位は「築城四〇〇年祭」や「ひこにゃん」人気で盛り上がった彦根城が前年の一三位から躍進し、NHKの大河ドラマ『功名が辻』の影響で二〇〇六（平成一八）年には三位だった「豊公園」は九位に下がったとのことである。

黒壁のホームページによれば、一九八九（平成元）年に営業を開始して以来、来街者数は順調に増加して一九九五年には一〇〇万人を超え、一九九九年から二〇〇八年までは一貫して二〇〇万人前後を維持している。二〇〇六年に二三三万人というピークを記録したあと、昨今の景気低迷もあってやや減少しているものの、滋賀県における一大観光地としての地位は確立されたと言っていいだろう。世の中の移り変わりが激しい時代に、京都のような優位性をもたずにこれだけの実績を残していることは驚異的と言える。

黒壁とは、「旧第百三十銀行長浜支店」として建築された建物の外壁が黒漆喰であったことからそう呼ばれるようになった。「黒壁銀行」の愛称で親しまれていた建物を取り壊す話が持ち上がったとき、その保存を目的に地元の有志が一九八八（昭和六三）年四月に第三セクターとして「株式会社黒壁」を立ち上げたのがはじまりである。当初は民間企業から八名が参加し、長浜市の支援を受けて資本金一億三〇〇〇万円でスタートしたが、今では資本金四億四〇〇〇万円となり、株主も四三名に増えている。

中心市街地活性化に向けた「まちづくり」のため、旧第百三十銀行長浜支店は黒壁1號館「黒壁ガラス館」（本章扉写真参照）として再生され、そのあとも周囲の古い建物を美術館などに改修し、1號館を含めて一〇館が黒壁の直営となっている。このほかにも、黒壁のまちづくりに参画する二〇館と合わせて、本格的なガラス工芸と古くからの町並みを特色とした観光地を形成している。その賑わいは、まちおこしの成功例として一躍有名になり、今でも日本各地からの視察が絶えない。

何度も述べるように、大津は京都から一〇分であり、京都のはずれといった感じがするが、長浜まではJR琵琶湖線の新快速でも一時間ぐらいかかる。仮に長浜行きの直通でも、手前の米原駅で名古屋方面の電車を切り離すことが多いし、乗り換えが必要なときもある。距離的にこれだけ離れていると、やはり大津とは街の雰囲気がかなり違ってくる。もちろん、京都の影響を受けていると思うが、どちらかと言うと長浜は独立した地域としての意識が強いのではないだろうか。長浜の人たちの地元に対する愛着や地域の結び付きを大切にする姿勢を強く感じるのも、こうした地理的な条件と無関係ではないだろう。

黒壁のことは、滋賀県に来る前から知っていた。やはり、まちおこしの先進的な事例として、一〇年前ぐらいに聞いたような気がする。ただ、それがどこにあるのかは明確に認識していなかったので、「滋賀県長浜市＝黒壁」というように結び付いていたわけではない。大津に赴任した当初も、長浜に行くならまず黒壁を見なければとは思っておらず、出張で何度も近くまで行ったが立ち寄ることはなかった。

転勤して半年ほどが経った二〇〇九年二月、長浜で用事ができ、ついでに黒壁と盆梅展《ぼんばいてん》を見てはどうかと誘われた。今から思えば、そのときに行っておけばよかったと思うが、当時は元気がなかったときなので断ってしまった。そのあと、何度か仕事で黒壁の町のなかを通る機会があったが、観光目的で黒壁へ行くことができたのは、結局、東京へ転勤する直前の二月になってからである。たまたま友人が滋賀県に遊びに来ることになって、長浜で鴨鍋を食べたいと言い出したのがきっかけだった（一二七ページ参照）。

宿泊先の湖畔のホテルに荷物を預けて、まず盆梅展を見るために慶雲館へ行って、施設見学とセットになった周遊チケットを買った。そのあと、最初に黒壁ガラス館を訪れた。仕事で来たときにのぞいたことが一応あったので、まったくの初めてというわけではなかった。友人を案内しながら隣にあるガラス工房へ入った。ガラス製品の製作を間近で見ることができるという建物は二階建てで、多くの作品が所狭しと置かれていた。きれいな女性が受付にいたので適当に話をしていたら、その間に友人がどこかへ行ってしまった。何とか友人を探し出して、周遊チケットで入れる所へ行くことにした。

ガラス工芸品のショップや美術館へ行ったあと、黒壁29號号館の「海洋堂フィギュアミュージアム黒壁」へ行くと、子ども連れの観光客で混みあっていた。「フィギュアもこれだけ集めれば博物館になるんだな」と感心しながら曳山《ひきやま》博物館へ行き、最後に郷土資料館を訪れた。昔ながらの生活用具などが展示してあり、かんざしがたくさん並んでいて少しなまめかしく感じられた。

現在、全国の地方都市で、中心市街地の活性化に向けてさまざまな取り組みがなされている。長浜以外でも成功している事例はあり、それらを参考にしながら、いろいろな都市が特色あるまちづくりを目指している。それぞれの都市に

盆梅展で買った絵はがき。慶雲館は、1887年、長浜の豪商浅見又蔵が、明治天皇行幸に合わせて建設した長浜の迎賓館。慶雲館の名称は、荘厳美麗な姿から、時の内閣総理大臣伊藤博文が命名した。
〒526－0067　長浜市港町2－5
TEL：0749－65－6521　（長浜市観光振興課）

は異なる歴史があり、文化も違う。それだけに、独自性を打ち出すことが大切となる。言ってみれば、長浜の特徴は、地域に対して熱い想いをもっている人が多いということであろう。商売だけのことを考えず、地域のために活動している人の姿がそこかしこで見られる。

ものづくり県

わが国は天然資源に乏しく、原材料を輸入し製品を輸出することによって発展してきた「ものづくりの国」である。そのなかにあって、滋賀県はまさに「ものづくり県」と言うことができる。滋賀県の産業において、製造業の比率が高いことはよく知られている。二〇〇六年度の県内総生産に占める製造業の比率は四六・五パーセントと都道府県中一位で、全国平均の二三・七パーセントの二倍近くとなっている。大阪から大津まで在来線で約四〇分と近く、名神高速道路が走っていて交通の便もよいため、京阪神の大手企業が滋賀県に工場を設置するケースが多い。大手企業の工場が進出すれば、それに関連する中小製造業も集まってくるので、自ずと製造業の比率が高くなる。

その歴史的な経緯については、『12歳から学ぶ　滋賀県の歴史』に分かりやすく書いてある。その本から、滋賀県における製造業の発展についての部分を要約すると、概ね次のような内容となる。

明治の終わりから昭和の初めまでは、人造絹糸（のちのレーヨン）の製造が盛んであった。まず一九一九年に、膳所《ぜぜ》町に旭人造絹糸（旭化成の前身）が設立されている。一九二六年には、東洋レーヨン（現在の東レ）がやはり膳所町に創業し、東洋紡績の滋賀工場が堅田町に完成する。旭人造絹糸を買収した旭絹織（のちの旭ベンベルグ）を含めた三社によって、一九三三年には全国生産高の約四五パーセントを占めることとなり、滋賀県は「レーヨン王国」と称されたという。

戦後は、繊維工業に代わって家電メーカーなどが成長していった。一九五一年、ラジオの民間放送が開始されると、日本電気大津製造所ではラジオ用真空管が主力製品となり、一九五三年に、大津市の三洋電機滋賀工場が日本で最初の噴流式洗濯機を開発、生産した。滋賀県における業種別製造品出荷額は、一九五五年当時、繊維工業が半分以上を占めていたが、一九八五年には電気機器の占める割合がトップとなり、繊維工業は一〇パーセントを切っている。

一九五九年、名神高速道路の建設工事が本格化すると、各インターチェンジの周辺に工場が進出した。一方で、一九六八年には、甲賀郡甲西町（現・湖南市）に湖南工業団地が誕生して、甲賀郡水口町、草津市、犬上郡多賀町などにも工業団地が建設され、周囲の道路や工業用水などのインフラの整備が進んだ。一九六三年の名神高速の開通により一段落した工場の進出が再び急増し、一九六九年には、工場の立地件数が一五〇件を数えてピークに達した。

大津や湖南などとは別に、長浜などでは独自の展開もあった。もともと湖北においては、江戸時代から養蚕、製糸、浜縮緬の製造が盛んだった。大正時代末期には、東浅井郡、坂田郡、伊香郡の湖北三郡で、県全体の生糸産出額の約六割を占めたとされている。一九〇五（明治三八）年に近江ヴェルベット合名会社が設立され、蒸気で動く力織機《りきしょっき》を導入した工場が誕生した。そして一九三〇（昭和五）年、県下屈指の大工場として、鐘淵紡績（カネボウ）長浜工場が琵琶湖岸に完成した。

ここまでくると、ヤンマーディーゼルの創業者の山岡孫吉（一八八八～一九六二）についても触れないわけにはいかない。

山岡は伊香郡東阿閉《ひがしあつじ》村（現・長浜市高月町）の生まれで、一九三三（昭和八）年、世界初の小型ディーゼルエンジンの開発に成功し、山岡内燃機（現在のヤンマーディーゼル）を設立した。一九四二（昭和一七）年には長浜工場が建設され、戦後も伊香郡西浅井町など湖北の各地に工場を設けた。高月町の渡岸寺《どうがんじ》の近くにある資料館では、郷土の発展に貢献した人物として、山岡孫吉の功績を称える展示がされている。

繊維産業については、ほかの地域でもさまざまな動きが見られる。『続・びわ湖検定』によれば、湖東地域では古くから麻布が産物となっていたが、とくに質のよいものは「上布《じょうふ》」と言われ、江戸時代には彦根藩が保護していた。一八九七（明治三〇）年になると、八幡町（現・近江八幡市）に日本で初めて帆布を織る近江帆布株式会社が設立され、輸入品に代わって国内市場を独占した。さらに、高島郡（現・高島市）では、江戸時代末期から木綿を用いた高島縮《ちぢみ》が織られ、

「高島クレープ」として一九六〇年代後半には国内肌着の生地の約五割を占めていた。

また、彦根市とその周辺の地場産業であるバルブ製造業は、仏具などの職人だった人物が製糸用の蛇口をまねて製造したのがはじまりとされている。明治の終わりには海軍の船舶用バルブを、そして昭和初期にはレーヨン工場や化学工場のコックなどを生産した。伝統工芸品の仏壇を製造する技術をもとに、その後の繊維産業の発展に対応したものであり、今で言うところの新分野進出ということになる。

最後に、彦根の仏壇と同じく地場の伝統工芸である信楽焼についてもひと言述べておこう。『びわ湖検定』によれば、鎌倉時代後期の一三世紀から一四世紀初頭に生産がはじまったとされる信楽焼だが、瀬戸、常滑、備前、越前、丹波と並んで「日本六古窯」の一つに数えられている。大物づくりを特徴とし、狸の置物は有名である。ある偉い人の部屋に、左手に「正直」と書かれた通帳を持ち、天秤棒を担いだ狸があったのを見て欲しくなり、大津駅前の滋賀観光物産情報センターでひと回り小さいのを手に入れて、事務所の自分の部屋にも置いていた。

近江商人風の信楽焼の狸

ご存じの人も多いだろうが、〈日経ビジネス〉の「隠れた世界企業」という連載コラムで、二〇〇九年の一〇月に「近江鍛工」、一二月に「高橋金属」という滋賀県の中小企業が紹介された。前者はローリング鍛造(1)で新幹線の軸受けのシェア七割を有し、後者は洗剤を使用しない洗浄装置を製造・販売している。この二社だけでなく、滋賀県には優秀な中小企業がたくさん存在する。そのなかには世界的なシェアをもつ企業もあって、その先進性と技術力の高さには驚かされる。

二〇〇八年九月のリーマンショック以降、滋賀県も急激な景気後退に見舞われた。生産と売上が大幅に減少し、近畿二府四県でもっとも高かった有効求人倍率も最下位にまで低下した。製造業に対する依存度が高いだけに、景気悪化の影響は大きかったと言える。しかし、この景気悪化の状況に対応してさらなる経営革新への取り組みを進め、環境変化に対応することができた企業は再び業績を伸ばすことであろう。

「ものづくり県」である滋賀県が辿ってきた過程は、「ものづくりの国」である日本の経済発展を象徴している。そういう意味で、滋賀県の状況は日本経済の縮図である、と言えるような気がする。

（1） リング形状部品の代表的な製造方法のことで、その形状が特長となっている。ローリング鍛造で製造される製品では、各種回転体や大型のギア素材の成形に用いられている。

道の国

滋賀県は交通の要衝であり、昔から「近江を制するものは天下を制する」と言われてきた。徳川幕府が定めた五街道のうち、江戸と京都を結ぶもっとも重要な街道である東海道と中山道の二本が滋賀県内を通っている。

東海道と中山道以外にも、御代参《ごだいさん》街道、八風《はっぷう》街道、北国《ほっこく》街道、北国脇往還《ほっこくわきおうかん》、塩津《しおつ》街道、北国海道、若狭街道といった道があった。木村至宏氏は、その著書『近江の道標』（京都新聞出版センター）で、このように多くの道があった近江のことを「道の国」と呼んでいる。この本では、近江の主な街道に残っている道標が写真付きで説明されており、とてもユニークでおもしろい内容となっている。近江にある道標の数は四五〇基を超えており、かつて多くの人々がこれらの道標を頼りに街道を歩いたことがしのばれる。

東海道は伊勢から鈴鹿峠を越えて近江に入り、土山、水口、石部、草津、大津という五つの宿場があった。現在の国道1

草津宿本陣の入館券

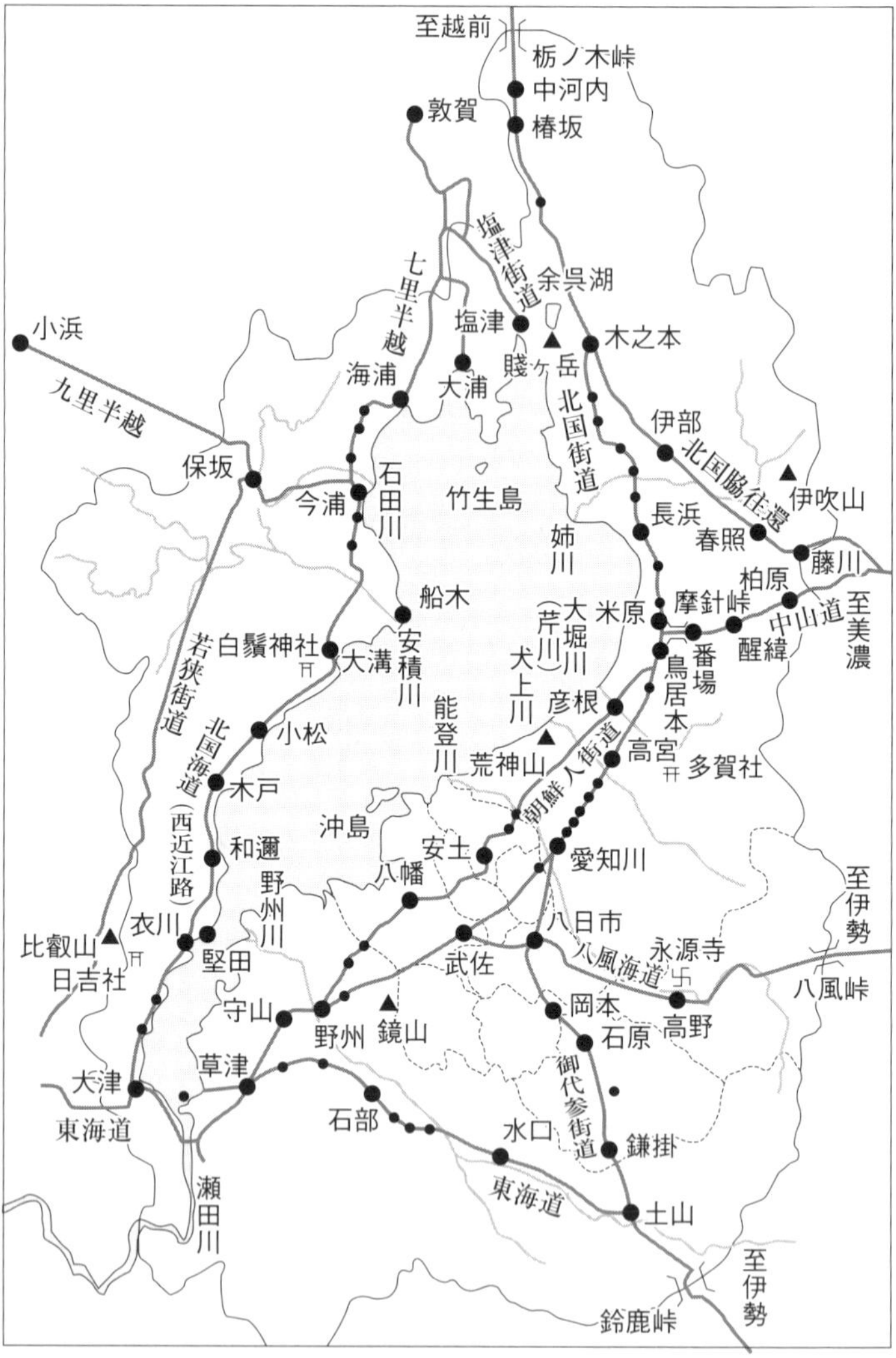

近江の街道と宿。東近江観光振興協議会「東近江歴史街道」（パンフレット）より

号線はほぼ東海道に沿って造られているので、かつての道筋を感じることができる。一方、中山道は、関ヶ原から近江に入り、柏原、醒ヶ井《さめがい》、番場、鳥居本、高宮、愛知川《えちがわ》、武佐《むさ》、守山の八つの宿場を経て草津で東海道と合流していた。

草津には大名や公家が宿泊する本陣が二軒あり、そのうち一軒がほぼ当時の姿のまま残っている。大福帳（宿帳）には歴史上の人物の名前が記されており、一六九九年七月には忠臣蔵の吉良上野介と浅野内匠頭の名前も見られる。江戸城内の松の廊下での事件の一年七か月前に当たるが、そんな事件が起きるとは誰も想像していなかっただろう。単なる偶然とはいえ、上野介と内匠頭がほぼ同じ時期に同じ宿場に泊まっていたということに歴史のロマンを感じてしまう。

清酒「道灌」で知られる「太田酒造」も草津宿と関係しているという。「道灌」という名は、太田道灌（一四三二～一四八六）の子孫であることに由来している。道灌といえば江戸城の築城で有名であるが、五代目の太田資武《すけたけ》（一五七〇～一六四三）は家康の子の結城秀康（一五七四～一六〇七）に仕え、秀康の転封に伴って福井藩士となった。その後、資武の子の止長、通称「又四郎」が福井藩士でありながら幕府直々の内命を受けて近江草津に移住したとされている。又四郎は、問屋業を営む一方で、この草津で秘かに諸藩の事情を探る「かくし目付」の役目も果たしていたようだ。

「朝鮮人街道」と呼ばれる道がある。中山道を野洲《やす》市行畑で分岐し、琵琶湖沿いを北上して鳥居本で再び中山道に合流する道である。江戸時代、将軍が代替わりするたびに朝鮮国王の親書を携えた朝鮮通信使の一行が通ったというのが、その名前の由来となっている。実は、関ヶ原で勝利を収めた徳川家康が佐和山城から上洛するときに通ったということから、当時は縁起のよい道とされていたらしい。八幡や彦根といった主要な町を通っていて、中山道よりも便利がよさそうな感じがする。

多賀大社は伊勢神宮の親のような存在とされていて、「お伊勢参らばお多賀へ参れ　お伊勢お多賀の子でござる」という俗謡もあったらしい。江戸時代には、京都の公家が皇族の名代として伊勢神宮と多賀大社へ年三回参詣しており、伊勢から多賀へ行く際に通ったのが「御代参街道」である。東海道の土山から日野、八日市を経由して中山道の小幡まで抜けていて、東海道と中山道をつなぐバイパス的な存在であり、日野や五個荘の近江商人にとっては貴重な道であっただろう。

鈴鹿山脈の八風峠（九三八メートル）を越えて、近江と伊勢を結んでいるのが「八風街道」である。中山道の武佐から八日市、永源寺を経て愛知川《えちがわ》沿いに上っていくことになる。永源寺へ行ったとき、三重県桑名方面を示す道路標識があったが、そこはいかにも峠の道に入っていくという感じだった。八風峠は美濃・尾張方面へ行くには距離的に一番短いのだろうが、この峠を越えるのはかなり厳しかったと思われる。この道を使用したとされる商人たちの根性には頭が下がる。

宿場町の面影が残る木之本の町を通っているのが「北国街道」である。中山道の鳥居本から米原、長浜を経て栃の木峠（五三七メートル）を越えて越前へと向かう。「身代わり片目蛙」で有名な木之本地蔵は、この北国街道に面している。この木之本に、中山道の関ヶ原から抜けることができるのが「北国脇往還」である。現在は、この街道に沿って国道365号線が走っているが、ショートカットの道ゆえ大幅な時間短縮になったにちがいない。

　琵琶湖の西側には「北国海道」が走っている。現在は街道沿いに国道161号線が走っているが、車では湖西道路を走ることが多く、比良あたりまで国道161号線を走ることはあまりなかった。安曇《あど》川《がわ》の三角州までは比叡や比良の山々が迫ってきており、道を通すのは大変だったのではないだろうか。京から北国への最短距離の道として貴重だったのだろう。

「鯖《さば》街道」と呼ばれたのが「若狭街道」である。京都から近江に入り、花折峠を越えて安曇川沿いに朽木を経て、日本海の小浜に通じている。日本海の魚を京都の人々へ届ける道としてよく利用されていた。京都を追われて朽木谷で暮らした室町幕府一二代将軍の足利義晴（一五一一〜一五五〇）も、この道を通ったりしたのだろうか。現在は国道367号線が走っているが、一度も行く機会がなかった。琵琶湖側からでは、比良山地の向こうの山あいに道があるとはとても想像ができない。

「札《ふだ》の辻《つじ》」と呼ばれる場所がある。『びわこ検定』によれば、禁令や法規を記した高札を掲げた

身代わり片目蛙

辻（十字路）ということである。現在でも全国に地名として残っており、滋賀県内にも長浜、大津、八日市にある。長浜の「札の辻」は、江戸時代に南北に通る北国街道と東西に通る大手門通り（別名「長浜街道」）が交差する町の中心部だった。現在は、黒壁1號館の「黒壁ガラス館」と黒壁5號館の「札の辻本舗」が辻向かいに立っている。

近江が琵琶湖を中心に抱く「湖の国」であることは言うまでもないが、その琵琶湖を取り囲むように多くの街道が走っている近江、まさしく「道の国」と呼ぶのにもふさわしい土地である。

丁吟《ちょうぎん》・萬病感應丸

丁子屋《ちょうじや》小林吟右衛門[2]は、愛知郡小田苅（現・東近江市）出身の近江商人で、通称「丁吟」と呼ばれ、呉服太物問屋として幕末から明治維新期にかけて台頭した豪商である。

「丁吟」については、末長國紀氏が著した『近江商人学入門』で初めて知った。「近江商人の考え方に蓮如の教えが影響している」と聞いて調べていくうちに、末永國紀氏の本がよいとすすめられて読んだわけである。

この本の「第四章　近江商人にみる経営のヒント」に、

サンライズ出版、2004年

「小商人の気概」として初代吟右衛門のことが触れられている。それによれば、初代吟右衛門は二三歳となった一七九八年から行商を開始し、繊維品や小間物類を扱いながら、近隣の村々への行商から東海道方面へと行商範囲を拡大していき、一八五四年に七八歳で亡くなっている。天秤棒をかついだ行商からスタートして、一代で現在のチョーギン株式会社の基礎を築いた人物である。

『続・びわ湖検定』によれば、東近江市小田苅町にある近江商人郷土館(3)は、小林吟右衛門の家屋敷を公開した資料館となっているようだ。「丁吟」は、江戸や大阪で織物卸業や金融業を営んでいたが、一八六一年には取引先の両替商が倒産し、多額の不良債権が発生するという経営危機に見舞われた。しかし、二代目吟右衛門の迅速な対応により切り抜け、幕末には彦根藩の両替方御用達を務め、明治には四代目吟右衛門が近江鉄道の開業に経営陣として参加している。

チョーギンが扱っていた子ども服ブランドが「papp《パップ》」である。二〇一〇年の正月に家族が大津に来たとき、息子の服を買うために西武大津ショッピングセンターへ出掛けた。小学生の息子にも好みがあるので、気に入ったものを選ばせたら、たまたま「papp」の服だった。

代金を支払うとき「チョーギンという会社なんですね」と言ったら、店の人から「近江商人なんですよ」と言われた。実は、そのときには「チョーギン」と「丁吟」が結び付いていなかった。後日、『近江商人学入門』を読んでいてチョーギンの名前が出てきたときに、息子が買った服を製造販売している会社が「丁吟」とつながっていることに気付いてびっくりした。

（2）　呉服は絹織物、太物は麻や綿織物のこと。
（3）　〒527-0125　東近江市小田苅町473　TEL：0749-45-0002

改めてチョーギンのホームページを見ると、創業は一七九八年で代表者も小林一雄社長となっている。東京へ戻る前に西武大津ショッピングセンターに再び出掛けたが、「papp」の取り扱いは中止になったとのことで少し残念だった。

「丁吟」と同様に「外与《とのよ》」の名で知られたのが、同じく近江商人の外村与左衛門（一六八二〜一七六五）である。神崎郡五個荘（現・東近江市）で農家を営んでいた五代目与左衛門照敏が、一七〇〇年に一九歳で近江産の麻布を姫路や大阪、堺に行商したときを創業時としている。そして、一九世紀初めには京都や大阪に店を出している。現在でも、繊維品の製造販売を行う「外与株式会社」として続いており、二〇一〇年七月には〈日本経済新聞〉の「二〇〇年企業――成長と持続の条件」というコラムで紹介されていた。

『近江商人学入門』では、「第四章　近江商人にみる経営のヒント」で「商人と大名」として外村家と尾張藩の関係について書かれている。それによれば、外村家は尾張藩が組織した財政資金の調達講を二度にわたって拒否しており、一八四九年の二度目の勧誘に対して、名古屋への出入り差し止めはもとより覚悟のうえであり、そうなればほかの近江商人の名古屋への出入りも少なくなり、ついに名古屋城下の衰微をもたらすであろう、と言ったという。

「紅葉狩り」について書いたところで触れた正野玄三も近江商人である（六五ページ参照）。同書によれば、蒲生郡日野の正野玄三家は、現在まで続く漢方薬の萬病感応丸《まんびょうかんのうがん》の製造元として知られた旧家である。一六五九年、農民であった源左衛門の三男に生れた初代玄三は一八歳で行商をはじめた。それによって稼ぎ出した資金をもとに一六九三年に京都で医薬の修行をし、やがて「感応丸」をつくった。半月型で金銀箔を塗した感応丸は、薬効だけでなく外見の高級感が受けたようだ。

「萬病感應丸」と古い字体で書かれた箱は、その字を見ただけで効きそうな気がする。薬の形はたしかに半月型をしている。大人は一個、子どもは二分の一を一日二回食後に服用することとされている。動悸、息切れ、消化不良などに効くというので、気付け薬のつもりで「少し疲れたかな」と感じたときに飲んだりした。形が珍しいし、先にも述べたように、水戸黄門の印籠に入っていたということも話のネタになるので、お土産として家内や東京の知人にあげていた。

考えてみたら、自分が飲んだのは数えるほどしかない。手元にないと何となく寂しいので、日野町の薬局に再び買いに出掛けたが、それもすぐになくなってしまった。東京で買える店を見つけたが、あいにくと取り寄せということだった。家内が類似品を見つけて買って来てくれたが、正野玄三の「萬病感應丸」が気に入っているのであって、感応丸であればなんでもいいというわけではない。

それにしても、『近江商人学入門』はとても参考になった。とくに、「第五章　近江商人の衰亡譚」の「塚本定右衛門家」のなかで、二代目定右衛門が執筆したとされる「続考見録　草稿」がおもしろかった。近江商人を中心とする商家の衰退と没落の事例を集めたものであり、取り上げられている一一軒の近江商人の記述を読んでいると、今でもあまり変わっていないような気がした。なお、塚本定右衛門家は、現在東証一部上場の「株式会社ツカモトコーポレーション」となっている。

三方よし

近江商人と言えば「三方よし」である。「売り手よし、買い手よし、世間よし」の「三方よし」は、近江商人の経営理念を示す言葉として現代でもよく耳にすることがある。

今ではひと通り説明できるようになったが、大津に勤務する前は、恥ずかしながら「三方よし」という言葉の存在を知らなかった。そのため、大津に来た初めのころは「近江商人」や「三方よし」の話になっても何のことだかよく分かっていなかった。適当に相槌を打ちながら、滋賀県の人だから「近江商人」に思い入れがあるのだろうとか、商売をするうえでは「三方よし」と言うほうがいいだろうとか、まったくもって表面的な理解しかしていなかった。

近江商人について少しは話ができるようになったのは、前項で挙げた『近江商人学入門』のおかげである。この本はとてもおもしろく、「三方よし」という考え方が生まれた背景や近江商人が繁栄した理由などについても分かりやすく説明してあった。とくに、近江商人の衰亡譚については人間の本性を見るようで、現代にも通じるものがあるように感じた。人間は歴史から多くのことを学んでいるはずだが、それでも同じ過ちを繰り返している。人間の生身の記憶が伝わるのは、せいぜい三代ぐらいが限界なのかもしれない。

この本によれば、「三方よし」の直接の原典は、神崎郡石馬寺（現・東近江市五個荘）の麻布商の中村治兵衛宗岸の書置の一節となっている。宗岸が一七五四年に七〇歳となったときに一五歳の養嗣子《ようしし》の宗次郎宛に作成したとされ、「たとえ他国へ商内（あきない）に参り候ても、この商内物、この国の人一切の人々皆々心よく着申され候ようにと、自分の事に思はず、皆人よきようにと思ひ、高利望み申さず、とかく天道のめぐみ次第と、ただその行く先の人を大切におもふべく候（後略）」という内容になっている。

「この国の人一切の人々皆々心よく」というあたりが「世間よし」につながるのだろう。それに続いて「高利望み申さず」というのは、いたずらに高利を貪ることを戒める意味と理解できるが、「とかく天道のめぐみ次第」というのは意外だった。儲かるかどうかは、その日の天気がよいかどうかで決まるぐらいに思っておいたほうがよいというのは、利潤を追求する商人の教えとしてはおよそ似つかわしくない気がして、近江商人に対する興味が増してしまった。

実際の近江商人は、いわゆる「ノコギリ商い」により確実に利益を稼いでいった。「ノコギリ商い」とは、国外へ行商に出掛けるときは近江内で生産された特産品を持ち、帰路は出先の産物を仕入れて販売しながら持ち帰るという効率のいい商売の仕方であり、「持下り商い《もちくだりあきない》」とも呼ばれている。それにしても、現在とは違って電車も車もない時代に地方との間を行き来するのは、かなりの気力と体力を必要としたにちがいない。近江商人の気概と勤勉さに頭が下がる。

近江商人には「陰徳善事《いんとくぜんじ》」という考え方もあったと、『近江商人学入門』には書かれている。

家産と家業を維持していくには善人の子孫に恵まれなくてはならず、そのためには、正当な利益を社会奉仕のために散財する「陰徳善事」に取り組む必要があるという。また、「飢饉《きき》普請《ぶしん》」という言葉もある。天保の飢饉（一八三三年～一八三七年）の際、愛知郡日枝村の二代目藤野四郎兵衛は郷里で住宅の改築と寺院仏堂の修繕工事を行い、地元民の救済にあたったとされている。『続・びわ湖検定』でも、一九三六（昭和一一）年の不況時のお助け普請として、日野町大窪にある近江日野商人館が説明されている。江戸時代半ば御殿場に出店し、二代目が酒造場を開設して成功し、小田原藩の御用商人を務めた山中兵右衛門家の旧宅であり、一九八一（昭和五六）年に町に寄贈されて資料館となっている。『近江商人学入門』に書かれている通り、国や地方公共団体が行う公共事業の代わりといった部分もあったのだろう。

末永氏は、『近江商人学入門』のサブタイトルを「CSR源流の『三方よし』」としており、「三方よし」の経営理念はCSRに合致していると指摘している。CSR自体は比較的最近になって言われはじめた概念で、「企業の社会的責任」と訳される通り、経済的利益を追求する企業が持続発展していくためには社会的責任を果たす必要があるという考え方である。まさに「売り手よし、買い手よし、世間よし」であり、末永氏の着眼は的を射ていると言える。

近江商人にとって、「三方よし」は他国で商いをするうえでの心構えであったが、地域に立脚する企業にとっても世間との関係が重要であることに変わりはない。とくに、中小企業にとっては、その地域から従業員を雇用しており、その従業員の家族が生活する地域と良好な関係を築いていく必要がある。何人かの中小企業の経営者の方々とお話する機会があったが、みなさん地域貢献に努めようとする意識が感じられた。この点については大企業よりも強いかもしれない。近江商人の「三方よし」の教えは現代でも十分通用するものであり、含蓄《がんちく》に富んでいる。

近江牛と近江米

滋賀県は製造業を中心とした「ものづくり県」であると書いたが、農業や畜産も盛んである。滋賀県の産物として一番に頭に浮かぶのは、「近江」と冠が付いた「近江牛」と「近江米」ではないだろうか。

近江牛は、松阪・神戸とならび和牛の三大銘柄として有名である。『びわ湖検定』には、近江牛にまつわる故事として、江戸時代の彦根藩では味噌漬けにした牛肉が「養老の秘薬」として珍重され、彦根牛肉の味噌漬けを幕府に献上していたようだが、一五代藩主井伊直弼（一八一五～一八六〇）は牛の屠殺を禁止したため、この献上は中止されたということが書かれている。井伊直弼は若くして禅道を修め、僧侶の資格をもっていたため、領内の牛の屠殺禁止令を出したという。

近江牛の歴史について詳しい上田氏に聞いたところ、本来の近江牛は未経産（子を産んでいない）の牝牛だけだったという。その話を聞いたときに、「未経産の牝牛を食べていたら、産む牝牛がいなくなってしまわないですか」と思わず質問してしまった。無知な私に半ば呆れられたと思うが、もともと但馬牛から生まれた子牛を近江で肥育したものが近江牛であると教えてくださった。

約一〇か月の子牛（黒毛和牛）を近江で三〇か月以上肥育することにより、柔らかい近江牛になるとされている。そして、これが近江牛の定義となっている。かつてはこの定義がなく、一日でも滋賀県内に置けば「近江牛」と呼ぶことができたため、二〇〇五年には肥育履歴偽装事件で近江肉牛協会の幹部が逮捕される事件まで起きている。柔らかい肉質のためには牝牛がいいのだろうが、上田氏によれば、牡牛も長期間肥育すれば牝牛と変わらないような肉質になるという。つまりは、メタボになるということだろうか。

「近江牛」生産・流通推進協議会が発行する近江牛のパンフレット

もともと農耕に使われていた但馬牛を近江で肥育したのがはじまりとされるが、現在では但馬牛を素牛としなくてもいいようである。なかには、宮崎県で起きた口蹄疫の影響を受けた牧場もあったかもしれない。種牛も大切であるが、肥育環境が重要であり、農業が盛んで水と飼料に恵まれた近江が肥育に適していたということらしい。『続・びわ湖検定』によれば、滋賀県での肉用牛の農家一戸当たり飼養頭数は一四五・八頭で、北海道に次いで多いそうである。

近ごろ流行っている地産地消ということだろうか、二〇一〇年一月におごと温泉に泊まった際、近江牛を使って宿泊を呼び込む「うっしっし！　キャンペーン」をやっていた。〈京都新聞〉の記事によれば、おごと温泉観光協会が県食肉消費推進協議会や近江牛生産　流通推進協議会などと協力して、宿泊客に各旅館の湯めぐりを無料提供し、抽選で毎日、宿泊客一名に近江牛一キロをプレゼントするというものだった。応募期間中に私も応募したが、当たらなかった。

近江牛を食べたのは四、五回だと思う。結構な値段がするので気軽に食べるというわけにはいかない。住んでいるマンションの近くにも近江牛の専門店があったので、家族が大津に来たときに行こうとしたことがあったが、店先にあったお品書きの値段を見て尻込みをしてしまい、ハンバーグ屋に行き先を変更した。育ち盛りの子どもを連れていくのは少し躊躇《ためら》われる。仕事中のお昼に何度か食べたが、美味しくて食欲も出るので、肉体疲労時の栄養補給にはぴったりであった。

二〇一〇年二月に田舎（広島）へ帰省する際、お土産としてしゃぶしゃぶ用の近江牛を専門店で買ってクール宅急便で送った。母と姉と私の三人で食べたのだが、美味しくてとても好評だった。買った専門店は近江牛生産・流通推進協議会による認定「近江牛」の指定店であり、普通のランクのお肉だったが、柔らかくて口の中ですぐに溶けてしまうような感じだった。普段はお肉をほとんど食べない母が言うのだから、まちがいない。家内と子どもたちには申し訳なかったが、子どもたちがもう少し大きくなったら食べる機会もあるだろう。
一方の「近江米」とは、滋賀県産の米のことであり、古くは「江州米《ごうしゅうまい》」と呼ばれたらしい。ほとんどが近畿地方で販売されているため、関東ではなじみが薄いかもしれない。うるち米、酒米、もち米とあるなかで「滋賀羽二重糯《はぶたえもち》」というもち米の品種は、一九三八年に育成されて以来もち米としては最高の評価を受け、七〇年にわたる生産の歴史を誇っている。現在でも、最高級のもち米として県内全域で栽培されており、京都の老舗和菓子店などでも使われているらしい。
『続・びわ湖検定』には、天皇が即位して初めて行う新嘗祭である大嘗祭の説明があるので引用をしておこう。

祭場を東西2カ所（東を『悠紀』、西を『主基』という）に設け、神に供え、天皇自身も食べる新穀はあらかじめト定しておいた二つの国の斎田から届けられる。悠紀は京都からみて東、主基は西の諸国から選び、近江国は宇多天皇（八八八年）から幕末の孝明天皇（一八四八年）まで約一〇世紀の間と、昭和天皇の大嘗祭（一九二八年）で悠紀国に選ばれた。

うるち米に「日本晴」という品種がある。一九六〇年からはじまった農林水産省の食味試験制度では、一九七四年から中主町（現・野洲《やす》市）産の「日本晴」が基準米になったとされている。台風などによる被害が少ないことも理由だったようだが、品質、収量とも変動が少なく安定して

いて食味も中ぐらいである。全国で作付面積が第一位のときもあったが、一九八〇年代以降はコシヒカリに取って代わられ、現在はコシヒカリが基準米となっている。

滋賀県内を車で走っていると、水田が多いと感じる。滋賀県の耕地面積五万三八〇〇ヘクタールのうち四万九五〇〇ヘクタールが水田で、水田率九二パーセントは富山県に次いで全国二位である。また、滋賀県の農業産出額（二〇〇六年）は、米の割合が約六割を占めており、全国平均の二一・九パーセントに比べると約三倍となり、新潟から福井に至る北陸地方と同じ「米作県」と言える。米ぬか、くず米、稲わらなどを飼料にして、肉用牛の肥育にも適している近江は、やはり豊かな国である。

コラム　心の観音を求めて

「大津に住んでいるときに行った場所でもっとも記憶に残っているのはどこか」と聞かれれば、「渡岸寺《どうがんじ》」と答えると思う。3回行ったが、十一面観音像に対する気持ちはそのたびに変わっていった。

いつの間にか湖北へ行くときには、渡岸寺の十一面観音像にお会いすることが楽しみになっていた。もちろん、簡単に行けるほど暇ではないが、時間の都合がつけば立ち寄りたいと常々思っていた。3回行ったうちの2回は週末に出掛けている。

渡岸寺の十一面観音像が「湖北の観音」とするならば、「湖西の観音」や「大津の観音」とでも言うべき存在が私にはある。それがどこであるかは私だけの秘密である。忙しくてなかなか行くことができなかったが、お会いすることができるととても嬉しかった。とくに何かをするわけでもなかったが、そこに行くだけで心が安らぐ、数少ない癒しの場所だった。琵琶湖を取り囲む形で、私の心の観音がおられた。

琵琶湖周辺にある観音様

『星と祭』(上) 398ページを参照して作成

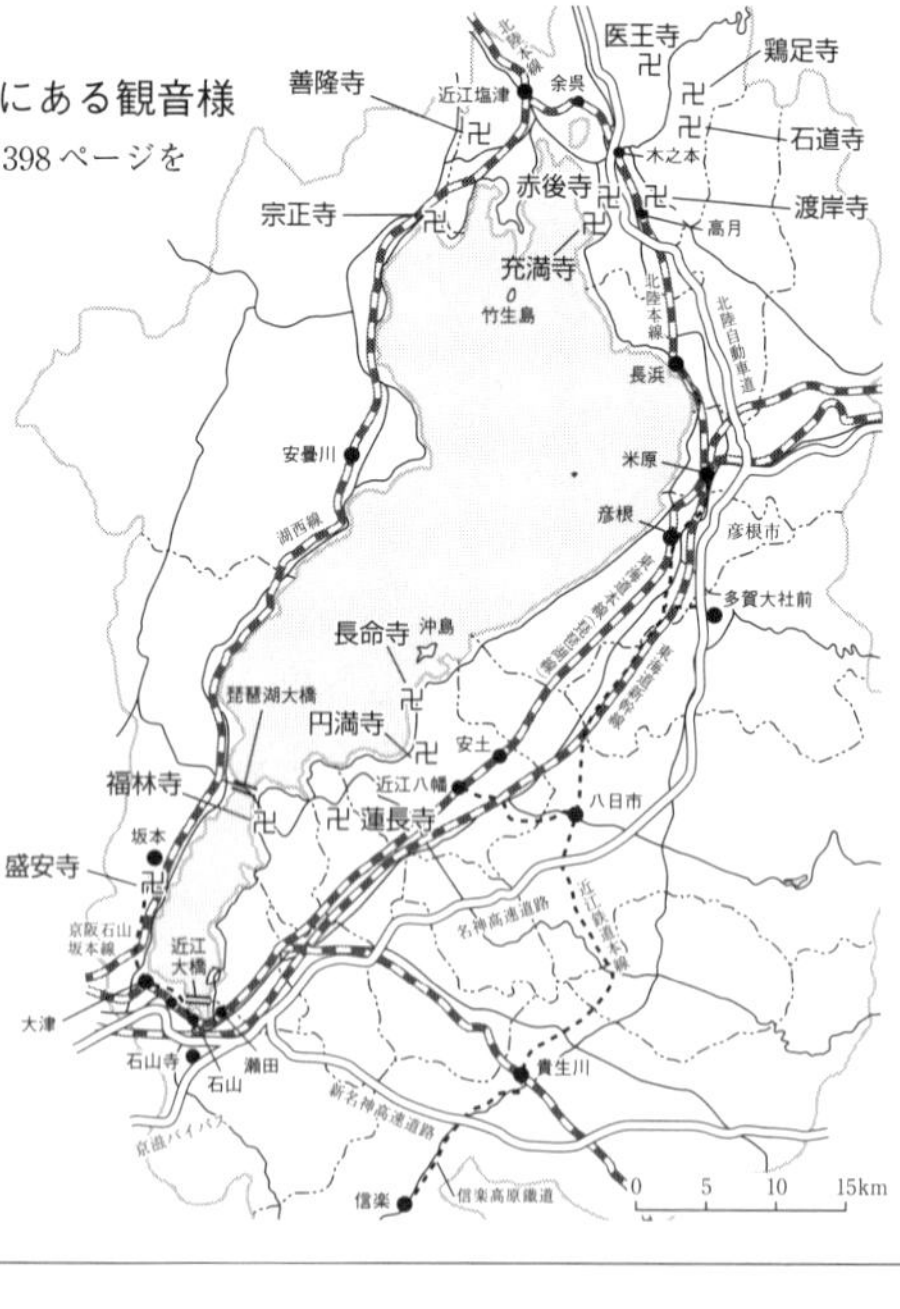

第5章

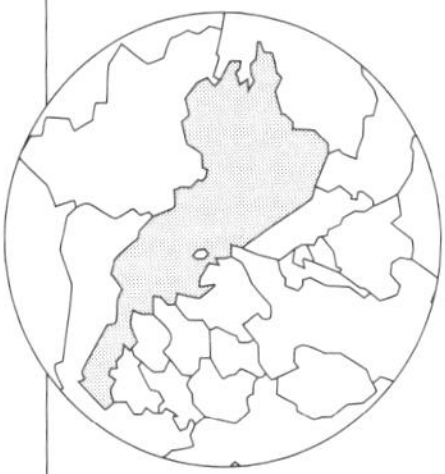

歴　史
——城と神社

玄宮園から眺める彦根城

観音寺城（観音正寺《かんのんしょうじ》）

長命寺へ行かなかったら観音正寺へも行っていないだろう。西国三十三カ所めぐりの三十一番の札所が長命寺であることを忘れていたぐらいだから、三十二番が観音正寺であることはまったく認識していなかった。

長命寺でお参りをすませて石段を再び駐車場まで下りると、これから上ろうとしている人がタクシーの運転手にどのくらいかかるのかと尋ねていた。タクシーの運転手が、「まだ少し上らないといけないが、観音正寺よりはましだ」と答えていたので、かなりの石段を上らないといけない寺がほかにもあることは分かったが、このときは観音正寺がどこにあるのかも知らなかった。

後日、地図で調べてみると、長命寺の近くだということが分かった。

西国三十三カ所めぐりの三十二番の札所ということは私にとって意味があった。すでに三井寺には行っていたので、観音正寺へ行けば滋賀県内の札所はすべてめぐったことになる。西国三十三カ所めぐりも滑り出しは順調だったが、そのあとさぼってしまったので、今からすべてを回ることは無理だと思いはじめていたときだけに、何とか観音正寺をクリアしようと思って行くことにした。

実際に行ったのは二〇〇九年の一二月に入ってからで、休日にレンタカーを借りてのドライブである。大津インターから名神高速に入って八日市インターで降りると、近江商人の出身地として有名な五個荘方面へと向かう。カーナビの指示通り、繖山《きぬがさやま》トンネルの手前で左に曲がったところ、観音正寺へ通じる道路は通行止めになっていた。簡単な案内板があって、別の林道を通れば石段の途中まで車で行けると書いてあったので、来た道を国道8号まで引き返した。

案内板の標示が分かりにくかったせいもあって、林道の入り口が分かるまでに少し時間がかかってしまった。国道8号を大津方面へ走り、左側に老蘇《おいそ》の森をすぎて右手に曲がると林道の入り口があった。普通の道路と変わりのない道を少し行くと料金所があって、そこから先は細くて林道のような感じであった。曲がりくねった道を走っていくと小さな駐車場があって、ほかにも車が停まっていた。こんな時期に訪れるのは自分ぐらいしかいないと思っていただけに、少しほっとした。

それから先は徒歩である。たしかに長命寺よりも長い石段で、一段ごとに言葉を書いた板が手すりに付けられていた。下りてくる人とすれちがいながら一五分ぐらい上ると、前日に降ったと思われる雪が薄っすらと残っている山頂に着いた。麓には雪がなかっただけに、標高四三三メートルの違いを改めて感じた。山頂の案内図を見て、右手の建物から流れてくるお経を聞きながら本堂に向かった。

観音正寺石段。〒520－1331　近江八幡市安土町石寺2　TEL：0748－46－2549
㈳びわこビジターズビューロー

観音正寺は、一四〇〇年前に聖徳太子が堂塔を建立したのがはじまりとされている。近江国守護職の六角氏の庇護のもとで隆盛をきわめたが、応仁・文明の乱以降は苦難の路を辿り、一五六八年に織田信長が六角氏を滅ぼしたのちは荒廃した。その後、明治に彦根城の欅御殿を拝領して本堂としたが、一九九三年に焼失している。今の本堂は二〇〇四年に建て直したもので、まだ新しさが感じられた。ご本尊の千手千眼観世音菩薩は総白檀で、インドから特別に輸入したものという。

信長に攻撃されたのは、観音正寺のある繖山《きぬがさやま》に六角氏の居城であった観音寺城が築かれていたためである。発掘調査が行われていて、大規模な山城であったことが分かっている。城跡へと続く道もあったが、雨が降りそうだったので行くのはやめにした。観音寺城というからには、城を築く前から寺があったのだろう。臨時の砦として寺を使用していたのかもしれない。観音正寺として「正」を加えたのは、世の中にたくさんある観音寺と区別するためだということだった。

頂上からは蒲生野《がもうの》が一望できると聞いていたが、まさしくその通りだった。『万葉集』で知られる額田王と大海人皇子の歌は、蒲生野での遊猟のときに詠まれたと言われている。その光景を現代においてイメージすることは困難であるが、かなり広い平地が広がっている。周囲を見わたすことのできる繖山は、昔から戦略上の重要な拠点であったことであろう。観音寺城を落城させた信長が築いた安土城は、繖山の西側につながっている安土山の上である。

再び石段を下ってレンタカーに戻ると、昼ごろになっていた。午後の用事までにはまだ時間が

（1） 2012年３月31日に閉館。

あったので、「湖東歴史民俗資料館」[1]に行くことにした。近江商人郷土館を右手に見ながら少し車で走るとほどなく資料館の駐車場に着いたが、どうも様子がおかしい。駐車場に、自分以外の車が見当たらない。旧西押立《にしおしだて》国民学校の校舎を改修したという資料館の入り口へ行ってみると、鍵がかかっていた。どうやら、運悪く休館日に来てしまったようだ。

気を取り直して八日市の中心部へ向かい、「八日市大凧会館」へ行った。〈京都新聞〉の記事を読んで大凧が展示されていることは知っていた。大凧は畳一〇〇枚分以上の大きさで、なかには二〇〇畳敷きを超えるものもあるという。もともとは五月の節句に凧が揚げられていたようだが、愛知川《えちがわ》沿いに広い原っぱがあったこともあって、その規模がだんだん大きくなっていったらしい。「世界凧博物館」と銘打つだけあって世界各地のいろいろな凧が数多く展示してあり、所狭しという感じだった。

今改めて八日市大凧会館のパンフレットを見ると、東近江市の観光という地図が付いていた。せっかく蒲生野の近くまで行ったのだから、万葉の森・船岡山の歌碑を見るべきだった。天狗で有名な太郎坊宮も、恥ずかしながら八日市駅の近くにあると認識していなかった。

八日市大凧会館のパンフレット

佐和山城・小谷城

石田三成（一五六〇～一六〇〇）については、関ヶ原の戦いで豊臣方を率いて敗れた人物ということぐらいしか知らなかった。滋賀県で仕事をするようになってから、三成は長浜出身であると聞いたような気がするが、すっかり忘れていた。

長浜へ仕事で行ったとき、その近くが石田三成の出身地であると教えられた。石田神社というものもあるという。一度は見ておいたほうがよいと思って、帰りに寄ってみることにした。仕事をすませたあとだったので午後四時を回っていたと思う。石田神社(2)の近くまで行くと、石柱で囲まれたなかに供養塔があって、周りにさざれ石の小さな石塔があった。説明書きによれば三成の先祖に関係する墓石で、徳川方による追及を恐れて地中に埋めていたものが昭和になって発見されたという。

夕暮れ近くになっていたこともあり、少し気味が悪かった。ちゃんとした墓石であればそんな風には感じないと思うが、さざれ石はダメである。石田一族の悲劇を思うと、一つ一つの石から彼らの無念が伝わってくるような気がした。供養塔は神社の裏手に位置していて、正面から入ればそんなことは思わなかったのかもしれない。本来は「八幡神社」と言うが、「石田神社」とも呼ばれているらしい。手を清めてから神社にお参りし、石田一族の冥福を祈った。

治部少（三成）に過ぎたるものが二つあり、島の左近と佐和山の城

という歌がある。前者は、当時名将として名高かった島左近（？～一六〇〇、清興）を召し抱えたことであり、後者は居城であった佐和山城のことである。佐和山城址は彦根市にあって、関ヶ原の戦いのあとで徳川方が彦根城を築城したときに佐和山城の石垣が用いられた。短期間で城を築くためには仕方ないとはいえ、見せしめの意味もあったのかもしれない。「三成に過ぎたる」と言われた城も、今では跡しか残っていない。

佐和山城跡に行く機会はなかった。聞いたところでは、長らくそのまま寂れていたが、ごく最近にテレビドラマで三成が取り上げられてから、年一回ぐらいは何かイベントのようなことが行われているらしい。さすがにメディアの力は大きい。しかし、この佐和山城跡の谷では、夜になると女性の声がするという話が昔からあるそうだ。落城の際に自害して、運命をともにした女たちのすすり泣きということらしいが、おそらく風のいたずらだろう。

三成について、その人柄や功績をあまりよく知らない。秀吉に才能を認められて小姓上がりから城持ちにまでなり、最後まで忠誠を尽くしたというイメージぐらいしかもっていない。同じ滋賀県の出身でも、最初は浅井長政に仕えた藤堂高虎（一五五六～一六三〇）は、長政が信長に滅ぼされると信長の甥の津田信澄《のぶすみ》（一五五五～一五八二）に仕えたあと秀吉に取り立てられて伊予の大名となり、関ヶ原の戦いでは徳川方で戦功を上げて伊賀・伊勢に封じられている。戦国時代

を生き抜くためとはいえ、その変わり身の早さには驚いてしまう。機を見るに敏と言うこともできるが、信義にもとると言われても仕方がないだろう。

三成は高虎とはタイプが違っていたのだろう。両者とも、あの時代にそこまで出世するのだから、よほど優秀な人物であったことだけはまちがいない。

湖北町にある小谷城跡にも行くことができなかった。二〇一一年のNHKの大河ドラマは、浅井三姉妹の三女の「江」が主役であり、彼女らが母のお市の方（?〜一五八三）と暮らしていたのが小谷城である。一五七三年に信長の攻撃を受けて落城し、父の浅井長政は切腹した。その小谷城址は佐和山城跡よりも寂れていて、夕刻ともなれば霊気が漂うと聞いたが、ドラマとなれば、あっという間に一大観光地になるだろう。そうなる前に、一度は行っておくべきだった。

ご存じの通り、お市の方は柴田勝家（?〜一五八三）と再婚したが、一五八三年の賤ヶ岳の戦いで秀吉に敗れて勝家とともにお市の方は自害し、三姉妹は秀吉に預けられた。長女の茶々（一五六九〜一六一五）は秀吉の側室となり、淀君として秀頼を産んだ。次女の初（一五七〇?〜一六三三）は、名門である京極家の京極高次（一五六三〜一六〇九）の正室に迎えられたが、子どもをもうけることはなかった。そして、三女の江（一五七三〜一六二六）は、今で言うところの「バツ2」である。最初の夫とは秀吉により離縁させられ、二度目の夫とは一女をもうけたあとに死別している。

三度目の夫は家康の嫡男、秀忠（一五七九〜一六三二）であった。江は二三歳、秀忠は一七歳というから、六歳年上の姉さん女房ということになるが、徳川三代将軍となる家光を含めて二男五女をもうけている。この江が、先ほども記した通り、二〇一一年のＮＨＫの大河ドラマの主人公である。二〇〇六年放送の大河ドラマ『功名が辻』のときにも相当な盛り上りだったようだが、それを上回るのではないかと地元の期待は高まっていた。すでに、三姉妹の系図が書かれた手拭いも売られていた。

　二〇〇九年一二月に長浜で大河ドラマの記念シンポジウムがあり、嘉田由紀子滋賀県知事と脚本家の田淵久美子さんが対談をされた。直前になってその情報を知ったが、事務局に連絡するとまだ参加できると言われたので申し込んだ。会場となった北ビワコホテルグラツィエに行ってみると、ほぼ満席であった。司会と対談者が女性、会場にも女性が多く、最後に男性の商工会議所会頭が田淵さんに花束をわたしたことを除けば、女性のパワーに圧倒された一日であった。

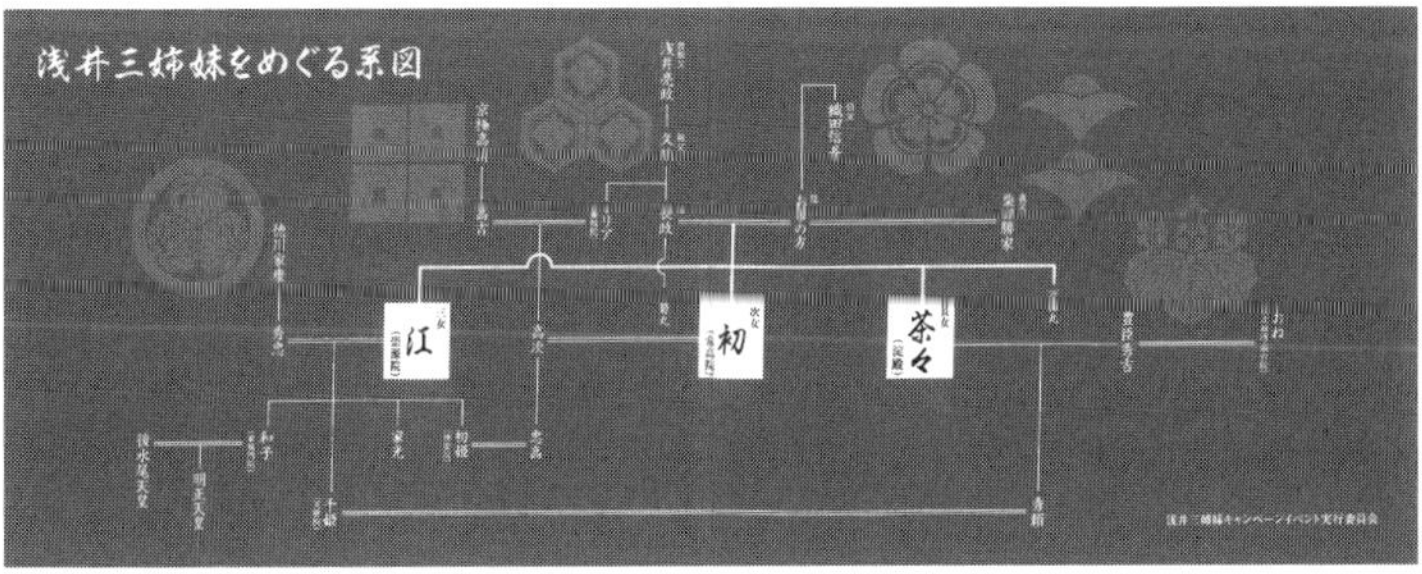

三姉妹の系図が書かれた手拭い

坂本城・大津城・膳《ぜ》所《ぜ》城

坂本城、大津城、そして膳所城も今は存在しない。坂本城址には石碑が立っているが、大津城は城址ですら残っていないし、膳所城跡は公園へと姿を変えている。この三つの城には歴史上の連続性がある。

坂本城は、一五七一年に信長の命により明智光秀（?～一五八二）が築城した。一五八二年の本能寺の変のあと山崎の戦いで光秀は秀吉に敗れたわけだが、その際、重臣の明智秀満（?～一五八二）は主君の敗戦を知ったあと、秀吉軍が取り囲むなかで自ら城に火を放ち、落城したと言われている。その後、いったんは再建されたものの、城主となった浅野長政（一五四七～一六一一）が一五八六年に秀吉の命により大津城を築城することとなって坂本城は廃城となった。大津城には、坂本城の建物が移築されたと伝えられている。

ちなみに、坂本にある西教寺には明智一族の墓がある。

西教寺にある明智一族の墓
〒520－0113　大津市坂本５－13－１
TEL：077－578－0013

一五七一年、信長による比叡山焼き討ちのときには西教寺も災禍を被っている。その直後に坂本城主となったのが光秀である。光秀は西教寺の檀徒となり、その復興に尽くしたと言われている。本能寺の変の六年前に亡くなった妻の煕子とともに、光秀はここに眠っている。

現在の浜大津周辺にあったと考えられている大津城は、関ヶ原の戦いで攻防の舞台となった。発掘調査で石垣の一部が発見されているが、正確な場所は分かっていないらしい。一五九五年に城主となった京極高次は、関ヶ原の戦いでは東軍に属して大津城に籠城するが、激しい攻撃を受けて降伏開城する。高次と言えば、先ほども記したように、浅井三姉妹の次女である初が正室として嫁いだ相手である。

関ヶ原の戦いのあと家康は大津城を廃城とし、一六〇一年に膳所城を築いた。徳川幕府による最初の築城であり、城造りの名手と言われた藤堂高虎に指揮をとらせている。戦禍を免れた大津城の建物の一部は、膳所城でもやはり使用されたことだろう。膳所城は琵琶湖に突き出た土地に築かれた水城で、陸続きの三の丸から湖側に橋を渡ると二の丸があり、そこからさらに細い橋を渡った先の本丸に四階四層の天守があったというから、さぞ見事な城であっただろう。

その優美な姿も、一六六二年の大地震によって石垣が崩れ、建物も倒壊してしまっている。大地震後の修理のときに、二つに分かれていた本丸と二の丸が合体されて一つになったと見られている。現在ではかつての堀も埋め立てられ、完全に陸続きとなって「膳所城跡公園」となっている。その公園へ行ってみたが、城があったこと示すものがほとんど残っていない。膳所城跡であるという説明書きがなければ、単に琵琶湖畔の土地を利用して公園が造られたとしか思わないだろう。

公園の片隅に、たくさんのお地蔵さんが並んでいる所があった。お参りする人がいるらしく、お賽銭も置いてある。説明書きを読むと、もともと坂本城の礎石に使われていたものだと言う。そのあと、大津城を経て膳所城でも礎石として使われていたが、発掘のときに見つかったということであった。築城と廃城を繰り返した城の運命とともに、三つの城の不思議なつながりを感じた。

膳所城だけでなく、坂本城も大津城も水城であったとされている。坂本城については、発掘調査で湖に突き出た本丸の一部と見られる石垣の跡が確認されており、夏の渇水時、湖中に沈む石垣が姿を現すことがあるという。当時は琵琶湖の水運が戦略上きわめて重要であったと考えられるため、湖に面した水城にする必要があったのだろう。この点については、大中《だいなか》の湖《こ》が干拓されるまで安土城も湖に面していたということからも明らかである。

膳所城跡公園
〒520－0814　大津市本丸町 7
TEL：077－522－3830（大津駅観光案内所）

『近江湖物語三　王の湖《うみ》・武士《もののふ》の湖《うみ》』（滋賀県教育委員会・滋賀県文化財保護協会）という本を見ると、信長の築城ネットワークとして、安土城と大溝城《おおみぞじょう》（高島市勝野）を結ぶラインと坂本城と長浜城を結ぶラインが琵琶湖上で十字に交差する地図が示されている。信長は、琵琶湖の水運上の有用性を十分に認識していて、東西南北に拠点となる水城を築いたと考えられている。一五七一年の坂本城、一五七四年の長浜城、一五七六年の安土城と続き、一五七八年の大溝城でネットワークが完成した。

大溝城を築いたのは、信長の甥の津田信澄である。琵琶湖の内湖である乙女ヶ池に臨む水城であったとされ、現在でも天守台の周囲に当時の面影が残っているらしい。高島方面には何度か出掛ける機会があったにもかかわらず、大溝城址に行こうと考えつかなかったことが今になって悔やまれる。長浜城を再興しよう

信長の築城ネットワーク（「近江湖物語三　王の湖・武士の湖」29ページより。一部改変）

と一九八三年に建てられた「長浜城歴史博物館(3)」では往時を偲ぶことはできないし、大中の湖が干拓された今となっては、おそらく大溝城跡がもっとも水城のイメージに近いと思われる。

それにしても、苦労して築いた城の命の短さには驚かされる。安土城は、本能寺の変が理由で三年で焼失してしまった。坂本城や大津城も、築城から廃城まで一五年ほどしか経っていない。人の一生も、本当の意味で生きたと言えるのはせいぜい二〇～三〇年だと思うし、ひょっとしたら一五年ぐらいで終わってしまっている人もいる。長さだけで人生を語ることができないように、城の重要性もその寿命とは関係ないのだろう。戦国時代の城は、城主の運命とともにあった。

滋賀県には城跡がたくさんある。元和の一国一城令（一六一五年）では彦根城と膳所城だけが残ったが、明治の廃城令（一八七三年）で膳所城も解体されたので、城跡のほうが多くなるのは当然だろう。城跡のなかには石垣などが残っているものもあるが、何も残っていないという所もある。何もない場所からかつて城があったことを想像するのは難しいが、かつてそこに城があったという歴史を知ることにより、その場所に対する見方も変わってくる。

坂本城、大津城、膳所《ぜぜ》城と礎石となって流れていった石たち、信長のあと光秀、秀吉、家康と続いた地上の戦いをどう感じたのだろうか。現在は、お地蔵さんだけが残っている。

彦根城

彦根城は、姫路城、犬山城、松本城とともに現在国宝に指定されている。姫路城は世界遺産にも登録されているが、彦根城も世界遺産暫定リストに記載されている。

彦根城へは、大津に勤務している間に三回行っている。そのうちの二回は、城内には入らずお堀のそばまで行っただけなので、厳密には一回だけということになる。一回目は、大津に転勤して半年も経たないころ、彦根へ出張したときに昼休みとして少し立ち寄った。国宝であり、映画やテレビドラマのロケでもよく使われると聞いていたので、一度は見ておいたほうがよいと思ったわけである。それ以上の関心はとくになかったので、石垣を見ると早々に立ち去った。

二回目は、彦根城に附属した庭園の玄宮園《げんきゅうえん》に出掛けた。「ライトアップされた玄宮園がきれいだ」と、ある人から聞いたからである。「連れがあったほうがいい」とも言われたので、「単身赴任だけど何とか頑張ります」と答えると、「見栄を張らなくていいから、奥さんが来たときに行きなさい」とたしなめられた。結局、一人で夕方に立ち寄ることになったが、ライトアップは午後六時からであり、その日は時間がなかったので入り口で案内図だけをもらって帰った。

三回目は、二〇一〇年の元旦である。年末、家族にこちらに来てもらって琵琶湖畔のホテル、ラフォーレに泊まっていたが、神社仏閣以外に元旦から行ける所がないかと思っていたら彦根城が開いていると分かった。それでは……ということで、この機会に城内に入ってみることにした。

（３）　〒526－0065　長浜市公園町10－10　TEL：0749－63－4611

ちなみに、翌二日は、建部大社に初詣に行くことにしていた。

彦根城は午前八時三〇分から開いているので、九時すぎに着くように出掛けた。ホテルから一時間ぐらいかかると予想していたが、湖岸道路を北へ向かってレンタカーを走らせていくと、信号がほんどないことに加えて元旦の朝ということで車も少なく快適なドライブだった。予想した時間より早く着いたように記憶している。湖岸道路は、長命寺をすぎたあたりでいったん湖岸を離れて、大中《だいなか》の湖《こ》干拓地のなかを通ってから再び湖岸に出る。彦根市に入って少ししてから右に曲がると、彦根城はすぐそこにあった。

表門の近くにある二の丸駐車場に車を停めた。元旦で開いている場所が少ない

玄宮楽々園の案内図。〒522－0061　彦根市金亀町３－40
管理事務所　TEL：0749－22－2742

せいか、それなりに車が停まっていた。お堀にかかった橋を渡り、表門から城内へ入った。順路に従って、見所とされる場所をひと通り見ながら歩くと天守に辿り着いた。靴を脱いで天守へ入り、「矢狭間《やざま》」と言われる矢を放って防戦するための壁に造られた穴などを見ながら上へと上っていった。最上階には、建築に使用された大きな釘などが展示されていた。

天守の最上階からの眺望はすごい。その日は曇っていて伊吹山は見えなかったが、長浜のあたりまでは見わたせた。天守を出て、黒門からお堀を渡った玄宮園《げんきゅうえん》へと向かった。このときは園内に入って、廻遊式庭園をひと通り見て歩いた。帰り、駐車場方面へ向かう途中に井伊直弼の銅像があった。金亀児童公園のなかにあり、ＮＨＫの大河ドラマ『花の生涯』の記念碑のそばで桜が咲いていた。「二季咲桜」と言って、冬と春の年二回開花するそうだ。この桜、友好都市の水戸から贈られたものらしい。

彦根城で、小学生の息子がメダルを買った。観光地によくある名前と日付を刻印できるメダルである。以前に東京タワーや京都タワーでも買っていたが、初めて城で買ったので喜んでいた。今見ると、表に城の絵と「国宝彦根城」の文字があって、裏に「2010.01.01」と刻まれている。このとき、「日本の名城」という卓上カレンダーも買っている。一月は彦根城の写真であり、国宝のほかの三つの城も含まれていたので、息子は姫路城にも興味を

彦根城のメダル

もってしまった。

東京への転勤直前の三月末に家内と息子が大津に来たとき、息子が「姫路城へ行きたい」と言い出した。例のメダルが目的である。片づけは家内に任せて週末に姫路城に行ったが、着いたのが午後だったこともあり、入城する人の長い行列がすでにできていた。雨も降り出したので城内に入るのは諦めて、何軒かのお土産屋でメダルを探したが、あいにくと売っていなかった。「きっとメダルはないんだよ」と息子をなだめて、姫路城を後にしたのだが、息子の友達が城内の売店で買ったメダルを持っていたことから、お盆に広島に帰省したときにもう一度姫路城に行くはめになってしまった。

このときは開門の午前九時前には着いたので、城内をゆっくりと見物した。豊臣秀頼と死別したあとに、再婚した千姫が暮らしていた西の丸の壁にあった系図に、思わず見入ってしまった。千姫は、お市の方の三女江と徳川秀忠の娘である。そして秀頼は、お市の方の長女茶々と豊臣秀吉の息子である。従兄弟同士ということを知って愕然とした。

姫路城は天守を改修中であったが、さすがに大きかった。しかし私は、身びいきと思われるかもしれないが、戦国時代の名残をとどめている彦根城のほうが好きである。

姫路城のメダル

安土城

安土城址へは、大津に住んでいる間に行くことができなかった。車で安土町を通過したことは何度かあったが、立ち寄る機会がなかった。あまのじゃくの性格が、あえて信長を避けていたのかもしれない。

大津を離れてから三か月ほど経って、週末に大津へ行くことになった。せっかくなので、知り合いにも会って話がしたいと思い、一日休みをとって金曜日から出掛けることにした。予定していた用事は土曜日の昼ごろだったので、それまでの時間は空いている。どこへ行こうかと考えていたとき、滋賀県文化財保護協会から封筒が届いた。大津にいたときに一度だけ講座に参加したことがあり、住所が東京に変わってからも資料の送付をお願いしていたのだ。

二〇一〇年夏の行事案内が入っていて、そのなかに安土城考古博物館(4)での企画展のパンフレットも入っていた。テーマは「戦国の琵琶湖～近江の城の物語～」というもので、ぜひ行ってみたいと思った。安土城考古博物館は開館時間が九時からとなっていたので、大津での用事に間にあうかどうか心配だったが、駆け足で展示を見るだけの時間はあろうと思い、とりあえず安土に行くことだけを決めた。

前日は瀬田に泊まっていたので、翌朝、JR琵琶湖線で出掛けた。思っていたよりも時間はかからず三〇分弱で安土駅に着いたが、各駅停車しか止まらない駅ということもあって電車を降り

（4）〒521‐1311　近江八幡市安土町下豊浦6678　TEL：0748‐46‐2424

る人は少なかった。まだ八時前ということで、時間が早すぎたせいもあったのだろう。コインロッカーを探すと、駅前の自転車屋にあった。自転車屋のおじさんに聞くと、考古博物館までは歩くと三〇分はかかると言う。その日は梅雨明けの暑い日で、とても無理だと思ったので自転車を借りることにした。

考古博物館までの道順は、おじさんが言った通りだった。自転車で琵琶湖線の下を潜って博物館のほうへ向かうと、「桑實寺《くわのみでら》」の看板が目に入った。桑實寺の名前だけは聞いたことがあった。長命寺や観音正寺へ行くには長い石段を上る必要があると話していたときに、同じように石段がある寺として桑實寺の話が出ていた。いつか機会があれば行ってみたいと思っていたが、図らずも近くまで来ていることが分かったので、まず桑實寺へ向かうことにした。

観音寺山から安土山を望む
かつて安土城が琵琶湖（内湖）に面していたことを示す数少ない写真資料。ここでは、六角氏の居城であった観音寺城にある観音正寺から琵琶湖を望む中に安土城が写りこんでいる。
『信長公記』には、信長が船で移動するくだりが散見される。この写真を見るとうなづける。（「近江湖物語三　王の湖・武士の湖」35ページより）

坂道になる手前、桑實寺(5)の説明書きの前に自転車を停めた。住宅地のなかの道を行くと山門へ続く石段になった。前の日に雨が降ったためか、石段は少し湿っている感じがするうえに、苔で滑りやすそうだった。山門に着くと「九時開門」となっていて、ロープも張ってあって本堂まで上れなかった。石段の上り下りで汗をかいた顔や首にやぶ蚊がやって来て、鬱陶しかった。

説明書きの前に戻ってきて改めて読むと、桑實寺は天智天皇（六二六〜六七二・第三八代）の四女の病気平癒を願って建てられたものとされていた。あの時代に、大津から遠く離れたこの地にまで天皇家の影響が及んでいたのだろうか。また、室町幕府の第一二代将軍の足利義晴が仮の幕府を置いていたこともあるという。詳しくは分からないが、かなり由緒のあるお寺であることだけはまちがいない。今では天台宗の普通のお寺になっていて、観光客として訪れる人もあまりいないようである。

桑實寺を後に、よく整備された自転車道を走っていくと、すぐに考古博物館などの建物が集まっている一角に着いた。最初に目に入ったのが「信長の館」だったが、まだ九時前だったので開いていなかった。考古博物館の近くの駐輪場に自転車を置いて、入り口の横にあったベンチに座って汗を拭きながら開館を待った。

九時、チケット売り場で「信長の館」との共通券をすすめられたので、時間が足りないかもしれないと思いながら購入した。まず常設展示室に入って、弥生・古墳時代の銅鐸などの出土品を見た。次に企画展のコーナーへ移り、最後にもう一つの常設展示室で安土城や観音寺城の資料を

（5）　〒521‐1321　近江八幡市桑実寺292　TEL：0748‐46‐2560

見た。予想通りの駆け足になってしまったが、何とかすべての展示をひと通り見ることはできた。

続いて「信長の館」に行き、絢爛豪華な天主を見た。延暦寺を焼き討ちした人物にとっても、天界のイメージは仏教の世界観によるしかなかったのだろうかと思いながら建物をひと回りした。

電車の時間までにはまだ時間があったので、安土城址にも行くことにした。線路の下を通って田んぼの間を行き、交通量の多い道路を渡ると城址はすぐだった。大手道が見える入り口までは行ったが、それ以上は時間がなく、中に入ることは諦めた。

安土駅に向かって田んぼ道を行くと、用水路に数艘の田舟が置いてあって、かつては水郷であったことが彷彿させられた。楽市楽座で有名な安土城下はどのようなものだったのだろう。現在は自転車でいくら走っても、青々とした田んぼが広がるばかりである。

自転車屋のおじさんに自転車を返して、コインロッカ

安土城の大手道

ーから荷物を出して駅前をブラブラした。時間つぶしに入った駅前の店で「復刻　信長の金平糖」を買った。ルイス・フロイス（一五三二～一五九七）が信長にわたした南蛮菓子の「コンフエイト」が金平糖になったそうで、当時のものを忠実に再現したとのことである。

建部大社

建部大社は近江国の一の宮とされている。瀬田唐橋を東に向かって渡り、さらに五分ほど歩くと参道がある。大津に勤務している間、重さ一・五トンの大御輿を御座船に乗せて瀬田川を下る船幸祭《せんこうさい》（毎年八月一七日）の見物に出掛けたのを含めると三回行っている。

一回目は、大津に着任して間もなくのころで（八月）、家族が引っ越しの手伝いと称してマンションに泊まっていたときである。県内の観光名所のパンフレットを見た家内が、建部大社のお祭りを見に行こうと言い出した。御輿を乗せた船が瀬田川を行くところを唐橋から見ることができるというもので、何となく由緒あるお祭りのようだった。大津に来たばかりで右も左も分からなかったが、花火の打ち上げもあるということにつられて子どもたちといっしょに出掛けた。

夕方、京阪膳所《ぜぜ》駅から石山寺行きの電車に乗って、「唐橋前」という駅で降りた。電車の中はそれほど混んでいなかったが、唐橋方面に歩いていくとかなりの見物客がいた。唐橋の上にも多くの人がいて、欄干も人でほぼ埋め尽くされていたが、わずかな隙間を見つけて陣取ることができできた。東側の対岸はかがり火や提灯で照らされて明るく、人がひっきりなしに動いているのが見えたが、何をしているのかは分からない。ずいぶん長く待たされたあと、御輿を乗せた船が瀬田川を遡ってきた。船が川岸に到着すると、御輿は川岸に降ろされたあと神社のほうへ向かったようだ。

しばらくすると、花火の打ち上げがはじまった。川面から打ち上げられる花火は見事だったが、時刻もそろそろ遅くなってきたし、帰りの電車の混雑も考えて早めに切り上げて帰ることにした。同じようなことを考える人もいたらしく、唐橋前駅のホームにはすでにかなりの人がいたが、なんとか坂本行きの電車に全員乗ることができた。

京阪電車の唐橋前駅

二回目は、二〇一〇年一月二日に初詣に出掛けている。このときの正月は東京へは帰らず、琵琶湖の近くにあるリゾートホテル（ラフォーレ）を予約して家族に来てもらった。滋賀県で初詣と言えば多賀大社が一番多いということは知っていたが、混雑が予想されるので行きたくなかった。近江神宮ということも考えたが、合格祈願でもないし、あまり気乗りがしなかった。結局、ホテルから遠くない所にあって、一の宮でもある建部大社にお参りしようということになった。

レンタカーを借りていたが、駐車場が問題だった。建部大社もそれなりに参拝客で混雑するだろうし、駐車できる所があるだろうかと心配だった。瀬田唐橋のたもとにある料亭「あみ定」に以前行ったことがあったので、お参りのあとにそこで昼食をとることにして駐車させてもらえないだろうかと思い、料亭に電話で聞いてみると「ＯＫ」とのことであった。「昼近くになると車が混むので、早めにお参りしたほうがよい」というアドバイスもこのときいただいた。

二日の朝、一〇時半ぐらいには料亭の駐車場に着いた。車を降りて瀬田唐橋を渡り、建部大社へと向かった。元旦ではないし、時刻も比較的早かったので混雑はしてはいなかった。本殿にお参りしたあと、境内にあるすべてのお宮にもお参りをした。なぜあんなにたくさんのお宮があるのか分からないが、それぞれに由緒があるのだろう。一か所ずつ鐘を鳴らして「二礼二拍手一礼」を繰り返した。そのあとでおみくじを引いたら、大吉だった。

建部大社の御祭神は日本武尊《やまとたけるのみこと》で、もともと景行天皇（生没年不詳・第一二代）の時代に神崎郡建部に祀られたものが、のちに現在の場所に移ったと伝わっている。交通の要衝である瀬田にあるためたびたび戦乱に巻き込まれ、

建部大社。〒520－2132　大津市神領１－16－１
TEL：077－545－0038

荒廃と復興を繰り返したらしい。源頼朝が伊豆に流され、京都から関東へ向かうときに前途を祈願したと『平治物語』（「新日本古典文学大系」岩波書店）には記されているらしい。その後、頼朝が源氏再興を成し遂げたことから縁起のよい神社とされている。

三回目は、東京への転勤が決まってからである。初詣でお参りしたときに、家内は単身赴任が早く解消するようにとお祈りしてくれたらしい。思っていたよりも早く実現したのは建部大社のおかげであり、お礼にぜひお参りをしたほうがよいということになった。あまり信心深いほうではないが、家内の気持ちも分からないではないし、建部大社に行くことも簡単にはできなくなると思って転勤までに行くことにした。

週末の午前中に一人で出掛けた。今回は、JR膳所《ぜぜ》駅から琵琶湖線に乗り、石山駅で京阪電車に乗り換えて唐橋前で降りた。参道の手前で信号待ちをしているとき、飴屋さんがあるのを見つけた。「たにし飴」というのが気になってお店に入ってみると、ご主人がおられ、「いろいろやってみたけれど、これが一番いいみたい」と話してくれた。普通のニッキ飴だが、色と形がタニシに似ている。お土産にと、二袋買ってお店を出た。

たにし飴製造元

初詣のときと同じように、今回もやはり境内にあるすべてのお宮にお参りをした。家内に言われたからというわけではないが、「いろいろお世話になりました。今後ともよろしくお願いします」という気持ちを神様に伝えた。お参りをすませて参道に戻ると、やり残していたことを片づけたような気がして少しほっとした。

帰り道の途中、何となく駐車場を借りた料亭「あみ定」に立ち寄ってみたくなった。建部大社から行くと、唐橋を渡り切る手前の中洲のような所にその料亭はある。左に下りて行く手前の小さな丘の上に、平将門の乱（九三九年）の討伐で知られる藤原秀郷《ひでさと》（生没年不詳）の像が立っていた。俵藤太の通称で知られ、瀬田唐橋の大蛇に頼まれて三上山のムカデを退治したという伝説のある人物である。丘を下っていると、買物帰りと見られる料亭の女将さんにたまたま出会った。ムカデ退治の話をすると、「御伽草子だから、時代があっていないけど」と軽くかわされてしまった。

瀬田川の中洲にある「あみ定」。かつて旅館だったが、
現在は隣が老人ホームになっている

日吉大社・三井寺

日吉大社は、近江の国の二の宮とされている。京阪電車の坂本駅から、日本最長のケーブルカーである比叡山坂本ケーブルの乗り口方面へ一〇分ほど歩くと右手にある。大津に勤務している間に一回だけお参りをした。

日吉大社へ出掛けたのは紅葉のころだったと思う。あいまいな言い方をしたのは、私の記憶がはっきりしないからである。比叡山へ行くためにケーブルカーに乗ったときには、とても日吉大社に立ち寄るだけの時間はなかった。といって、お参りすることだけを目的として日吉大社に行った記憶がない。そうなると、紅葉でも見に行ったとしか考えられない。日吉大社には失礼な話だが、建部大社や多賀大社とは違って、観光目的として出掛けたと思う。

あいまいな記憶でも、日吉大社に出掛けたことをはっきりと覚えているのは、「神猿《まさる》」のおかげである。『続・びわ湖検定』によれば、日吉大社は神の使い（神使）であるサルを「神猿＝魔去る・勝る」と称して崇めており、社務所近くの神猿舎に二匹のサルが飼われている。日吉大社にサルが関係していることは何となく知っていたが、そのときは実際にサルが飼われているとは知らなかったので、サル小屋まで行くことは思いつかなかった。

私が見たのは、西本宮の楼門軒下の四隅にいる木彫りの神猿である。楼門の屋根を支えている姿から「棟持ち猿」とも呼ばれ、縁起のよいものとされている。神猿を用いたグッズもたくさん売られていて、「神猿みくじ」というものもあった。なんだか、楼門軒下にいる木彫りの神猿を見ただけで十分なような気がしたことを覚えている。

日吉大社の名前の由来について、『続・びわ湖検定』では次の通り説明されている。

古くは「日枝」「比叡」と書いて「ひえ」と呼ばれていたが、平安時代ごろから縁起のよい「吉」の字を用いて「日吉」と書くようになり、「ひよし」という読みも生まれた。鎌倉時代以降は一般的に「日吉社」と書かれ、明治になると「日吉神社」が公称となった。それが戦後、多数の分霊社との混合を避けるため「日吉大社」と改められ、読みも親しみのある「ひよし」に決められた。

日吉大社の東本宮の御祭神は大山咋神《おおやまくいのかみ》である。『古事記』に、「此の神は近淡海の日枝の山に座し」とあるら

日吉大社東本宮
〒520－0113　大津市坂本５－１－１
TEL：077－578－0009

しい。比叡山系の最高峰である八王子山（牛尾山）の山頂に磐座《いわくら》があり、もともとの信仰の地であったとされている。一方、西本宮の御祭神は大己貴神《おおなむちのかみ》である。天智天皇の大津京遷都にあたって、三輪山の大神神社から御神霊をお迎えしたとされている。いずれにしても、山が信仰の対象であったということだ。

　最澄が比叡山に延暦寺を建立して以来、比叡山を神とする日吉大社は天台宗の守護神として崇められるようになる。中国の天台山で祀られていた山王元弼真君《さんのうげんひっしんくん》になぞらえたとされており、日吉大社は「山王権現」と呼ばれるようになる。この日吉大社とは対照的に、延暦寺の「山門」に対して「寺門」と呼ばれたのが園城寺《おんじょうじ》（三井寺）であり、一〇世紀から一二世紀にかけて両者は激しい対立を繰り返したことで知られている。

　三井寺は、京阪電車の三井寺駅から徒歩一〇分の所にあって、壮大な伽藍を有している。その一つである観音堂は、西国三十三ヶ所めぐりの十四番の札所である。また、三井寺は近江八景の「三井の晩鐘」で知られる有名な観光地であり、大津に着任してから間もないころにとりあえず行ったことがある。国宝の金堂は修理中だったが、「三井の晩鐘」が吊られている鐘楼や「弁慶の引き摺り鐘」と呼ばれる古い鐘を見ただけで、ほかの建物を見て回るだけの時間はなかった。

『12歳から学ぶ　滋賀県の歴史』によると、山門と寺門の対立は、最澄の死後に初代天台座主を決める際に有力候補であった義真《ぎしん》（七八一～八三三）と円澄《えんちょう》（七七二～八三七）のそれぞれの弟子たちによって生まれたとされている。義真が初代、円澄が二代座主となり、五代座主の円珍

（八一四～八九一）から義真派が長く勢力をもち続けた。八六八年、円珍が三井寺を天台別院としており、対立が激化して九九三年に義真派が比叡山を下りて三井寺を本拠としている。

延暦寺による三井寺の焼き討ちは、小規模なものを含めると数十回にも上ると言われ、その争いは仏に仕える僧侶同士のものとは思えない。もっとも「僧兵」と呼ばれる武装した僧が争いの中心であったらしいので、僧侶の格好をした武装集団と言ったほうが適切なのかもしれない。一〇八一年には、山門の僧徒一〇〇〇人が三井寺を襲撃し、堂宇《どうう》のほとんどが焼失したとされている。後世、信長が朝倉氏に協力した比叡山を焼き討ちしたのもうなづける。

東京への転勤が決まったあと、三井寺にはもう一度行く機会があった。元三大師の没後一〇二五年を記念した企画展を見るために「大津市歴史博物館」へ出掛けた帰りに浜大津方面に向かって歩いていた

三井の晩鐘
〒520－0036　大津市園城寺町246
TEL：077－522－2238

ら三井寺の境内に入っていた。まだ観音堂には行っていなかったので、西国三十三カ所のご朱印をもらっていなかった。観音正寺へ行ったことで滋賀県内の西国三十三カ所はクリアしたと先に書いたが、厳密に言うと、三井寺のご朱印をもらったことで結縁《けちえん》したことになる。

三井寺のご朱印

神仏習合により神道と仏教が共存できるのに、同じ仏教同士でうまくいかないというのは皮肉な話である。宗教と言っても所詮人間がやることだから、有力者が出ることで派閥ができるのも仕方がないのだろう。延暦寺をめぐる日吉大社と三井寺の関係を見ていると、そんな風に思えてくる。過去の経緯とは関係なく、現在の日吉大社と三井寺には、どちらも広大な敷地にたくさんの伽藍堂宇が立っている。じっくりと見物して回るには相当の時間が必要になる。

多賀大社

多賀大社は、近江国の三の宮とされている。彦根でＪＲ琵琶湖線から近江鉄道に乗り換え、多賀大社前で降りて一〇分ほど歩くと鳥居が見えてくる。大津に勤務している間、結局一回しかお参りできなかった。その一回については、「朔日参り《ついたち》」のところで書いたので、参照していただきたい（六六ページ参照）。

多賀大社の御祭神は、伊邪那岐大神《いざなぎのおおかみ》と伊邪那美大神《いざなみのおおかみ》である。この二人の神様を御祭神とする神社はほかにもあるが、『古事記』に「伊邪那岐大神は淡海の多賀に座す」とあるらしい。社伝によれば、神代の昔、伊邪那岐大神は多賀大社東方の杉坂山に降臨され、麓の栗栖の里でお休みになったあと多賀にお鎮まりになったとされている。古代については書かれた記録が少なく分からないことが多いだけに、日本最古の歴史書である『古事記』に記されていることの意味は大きい。

伊邪那美大神は、火の神を生んだため火傷を負って亡くなったとされている。死後の世界である黄泉の国にやって来た伊邪那岐大神が、変わり果てた伊邪那美大神の姿を見て地上まで追いかけられる話は、『古事記』のことをあまりよく知らない私でさえ子どものときに聞いた覚えがある。八月三日から五日にかけて行われる「万灯祭」（六六ページの写真参照）は、黄泉の国の大神（黄泉津大神）となった伊邪那美大神が、祖先の御霊をお護りくださっていることに感謝を捧げるお祭りであり、全国各地から先祖供養の献灯を受け付けている。

伊勢神宮の御祭神である天照大神が伊邪那岐大神と伊邪那美大神の子であることから、「お伊勢参らばお多賀へ参れ　お伊勢お多賀の子でござる」という俗謡もあったらしい。お伊勢参りや熊野詣などとともに、中世から近世にかけて多賀大社への参詣は庶民の間で人気となり、その名は全国に広まった。現在では、かつてのような賑わいはなくなったものの、滋賀県で初詣の参拝客が一番多いのは多賀大社であり、県外からお参りに来る人も大勢いる。

多賀大社への初詣客が多いのは、伊勢神宮との関係だけではなく、延命長寿のご利益があるからである。境内に「寿命石」と呼ばれる石があり、鎌倉時代の僧侶重源《ちょうげん》（一一二一〜一二〇六）が六一歳で東大寺再建を多賀大社に祈願し、二〇年延命して祈願成就し、亡くなったときに座っていたものとされている。社務所で白い石を買って願い事を書くと、寿命石のそばに奉納してもらえる。家内は、万灯祭を見に来たときに、私の仕事がうまくいくように祈願してくれたらしい。

「お多賀杓子」と呼ばれるものがある。『続・びわ湖検定』によれば、奈良時代、元正天皇（六八〇〜七四八・第四四代）の病気回復を祈願して、杓子に強飯《こわめし》を盛って多賀大社に献上したところ、たちまち病気が癒えたことにちなむとされている。無病長寿のお守りとして「寿」の焼き印をつけた杓子形の板が売られているそうだが、

多賀大社の太鼓橋

私は気付かなかった。明治以前はへらの部分がくぼみ、柄が反った形をしており、カエルの幼生を「おたまじゃくし」と呼ぶ語源とされている。

このように伊勢神宮の親とされる多賀大社が、なぜ三の宮なのだろう。ここからは私の想像であるが、多賀大社は犬上《いぬかみ》郡多賀町にある。犬上とはもともと犬神で、『魏志倭人伝』の狗奴国《くなこく》の狗のことであり、多賀大社は狗奴国の氏神様だったのではないだろうかと思った。長浜在住の歴史好きの伊藤氏にこの話をしたら、二つ返事で賛同してくださった。『魏志倭人伝』によれば、狗奴国は邪馬台国の南にあったとされている。

まったくの妄想だと思っていたが、「近江湖物語三　王の湖・武士の湖」（滋賀県教育委員会・滋賀県文化財保護協会）に「倭国大乱」についての記述があった。その戦乱の最終的な局面として、畿内を中心とする西日本の勢力と尾張を中心とする東国勢力との争乱があったとし、これを邪馬台国と狗奴国の争乱と考える説が有力であると書かれていた。近畿式銅鐸分布域と三遠式銅鐸分布域を示す地図も載

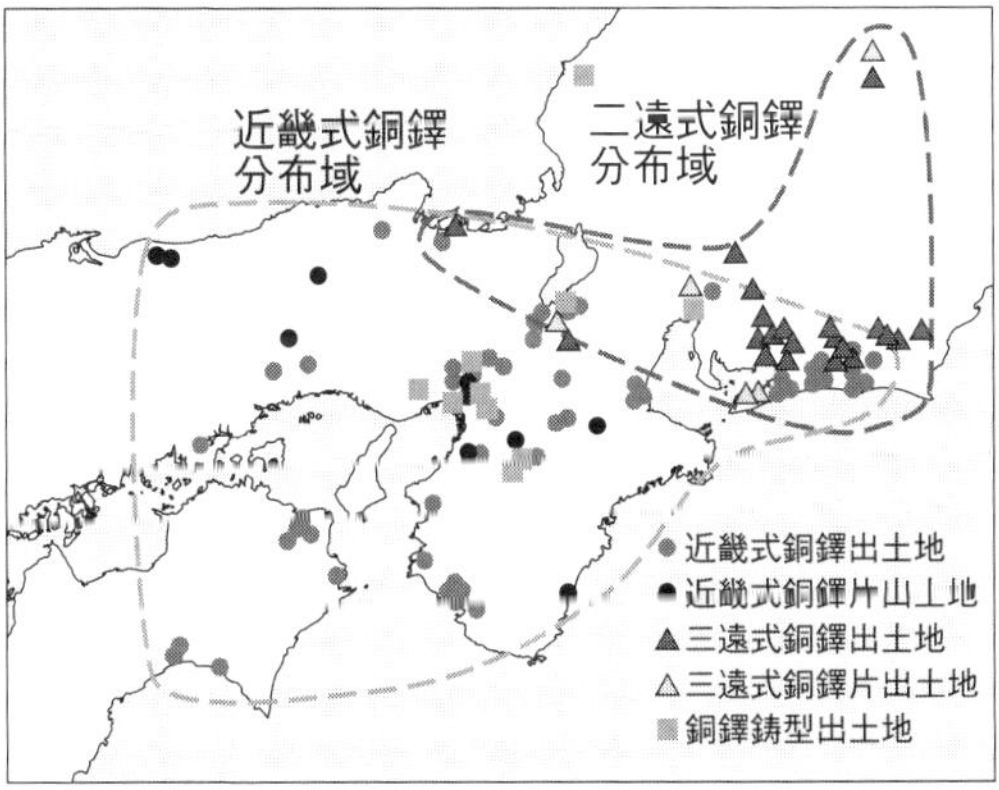

銅鐸の分布図（「近江湖物語三　王の湖・武士の湖」４ページより）

っているが、それを見ると、琵琶湖は両者が交わる所にあった。

多賀大社が氏神様であったかどうかはともかくとして、犬上郡が狗奴国の一部であった可能性があるのかもしれない。一方で、一の宮、二の宮、三の宮についても、時代によって順序が入れ替わっているとされる国もあり、近江国の三の宮についても、多賀大社ではなく御上神社《みかみじんじゃ》とする説もある。しかし、多賀大社へ参拝するほとんどの人にとっては、そんなことはどうでもいいことであって、由緒正しくてご利益のある神社であればそれで十分ということになる。

天孫《てんそん》神社・義仲寺《ぎちゅうじ》

天孫神社は近江国の四の宮とされている。JR大津駅の琵琶湖方面の出口を出て、少し下った最初の交差点を右に曲がった所にある。勤務先の事務所からも近いので何回かお参りをした。神社のホームページに、「近江の国には大変神徳の厚い社がありそれを昔の人々は一宮〜四宮と称しました。一宮が建部大社、二宮が日吉大社、三宮が多賀大社そして四宮が天孫神社であります」と書かれている。一方、滋賀県神社庁のホームページでは、「彦火火見尊《ひこほほでみのみこと》外三柱と四神を祀る為とか種々説がある」とされている。よく分からないが、近江の国で四番目の神社だからというよりも、四神を祀っているからという説明のほうがありがたい気がする。

ウォーキングの際に、天孫神社に寄り道をすることがときどきあった。早朝にお参りする人はほとんどいなかったが、通勤の近道をするために横の入り口から鳥居へ通り抜ける人が何人かいた。本殿の正面でお参りをしたあとに裏側へ回る人がいたので同じようにしてみると、そちらのほうにもお賽銭が少し置かれていた。

大津祭は天孫神社の秋祭りで、曳山のスタート地点になる。くじで巡行の順番を決めるが、鍛冶屋町の曳山「西行桜狸山《さいぎょうざくらたぬきやま》」はくじを引かず毎年先頭を巡行する。その由緒について、『びわ湖検定』では、「鍛冶屋町の塩売治兵衛がタヌキの面をかぶって踊り始め、やがて『竹からみ』の屋台をこしらえて、かき歩くようになった。そしてタヌキが腹鼓を打つからくりにして、氏子がかき歩くようになり、さらに地車を子供衆に引かせるようになった」と書かれてあった。

天孫神社の境内。〒520－0044　大津市京町３－３－36　TEL：077－522－3593

義仲寺は、西武大津ショッピングセンターからJR膳所駅方面へ向かって、右手に少し入った所にある。住まいのマンションから近く歩いて一〇分もかからない所にあったが、観光地としてとくに意識していなかった。どこかで松尾芭蕉（一六四四～一六九四）の墓があると聞いて、こんなに近くにあるのに行かないのはもったいないと思って一度だけ行ってみた（その前に、入り口で絵はがきを買ったことはあったが……）。

山門を入ってしばらく行くと木曽義仲（一一五四～一一八四）の墓があり、その少し先に芭蕉の墓もあった。小さな境内には、たくさんの句碑が立てられていた。

お寺の説明書によれば、木曽義仲は、一一八四年一月二〇日、「鎌倉の源頼朝の命を受けて都に上ってきた源範頼、義経の軍勢と戦い、利なく、この地で討ち死に」し、「その後、年あって、見目麗しい尼僧が、この公の御墓所のほとりに草庵を結び、日々の供養ねんごろであった。里人がいぶかって問うと、『われは名も無き女性』と答えるのみである。この尼こそ、義仲公の側室巴御前の後身であった。尼の没後、この庵は『無名庵』ととなえられ、あるいは巴寺といい、木

国指定史跡
義仲寺案内
木曽義仲公御墓所
芭蕉翁御墓所

義仲寺案内のパンフレット
〒520－0802　大津市馬場１－５－12
TEL：077－523－2811

曽塚、木曽寺、また義仲寺とも呼ばれた」となっている。

　芭蕉は、一六八五年に訪れて以来、しきりに来訪し滞在している。一六九四年一〇月一二日午後四時ごろに大阪で亡くなったが、「骸は木曽塚に送るべし」との遺言に従って、その夜には遺骸を川舟に乗せて淀川を上って伏見に至り、一三日の午後に義仲寺に入っている。一四日に葬儀が行われ、深夜に埋葬した。門人ら焼香者八〇人、会葬者三〇〇余人に及んだとされている。芭蕉の命日にちなみ、旧暦にあわせて「時雨忌」が毎年一一月の第二土曜日に営まれている。

　芭蕉が木曽塚にどうしてこだわったのかは、よく分からない。芭蕉が源平合戦に憧れていて、非業の死を遂げた人々に同情し、とりわけ木曽義仲の生涯に共感していたという説もあるが、本当にそうなのだろうか。もちろん、木曽義仲に対する想いがまったくなかったとは言わないが、それよりも琵琶湖に近く風光明媚な木曽塚の場所が気に入っていたのではないだろうか。芭蕉が遺した言葉は、あくまでも「木曽塚」という場所であって木曽義仲という人物ではない。

『続・びわ湖検定』によれば、芭蕉の句碑は滋賀県内に九〇基余りが建立されている。県内最古の句碑と考えられるのが、大津市堅田の浮御堂境内にある碑（鎖《じょう》あけて月さし入よ浮み堂）と、甲賀市水口町の大岡寺境内にある碑（いのち婦《ふ》たつ中に活《いき》たるさくらかな）で、ともに芭蕉の一〇〇回忌にあたる「一七九五年建立」と刻まれている。

　ちなみに、「古池や蛙飛び込む水の音」という有名な句を詠んだと言われているのが、西国三十三カ所めぐりのところで触れた岩間寺である。越前国の白山を開山したと伝えられる泰澄が千手観音を刻んで本尊にしたのがはじまりとされ、西国三十三カ所の十二番札所となっている。本堂の横に古池があり、「芭蕉の池」と言われている。それにしても、岩間寺は標高四四三メートルの山頂付近にあることを考えると、大変な思いをして芭蕉は登ったのではないだろうか。

義仲寺は旧東海道に沿っている。そのあたりは、古くは「粟津ヶ原」と言われ、琵琶湖に面した景勝の地であったとされている。天孫神社のある場所も旧東海道の近くであり、あまり人家のない「湖岸の葦原沼」と称されていたようである。今からは想像もできないが、大津あたりの旧東海道はとても琵琶湖岸に近かったのではないだろうか。大きな琵琶湖を目の前にして心地よい風に吹かれる。芭蕉ならずとも、終焉を迎える地としてふさわしいと思わざるを得ない。

第6章

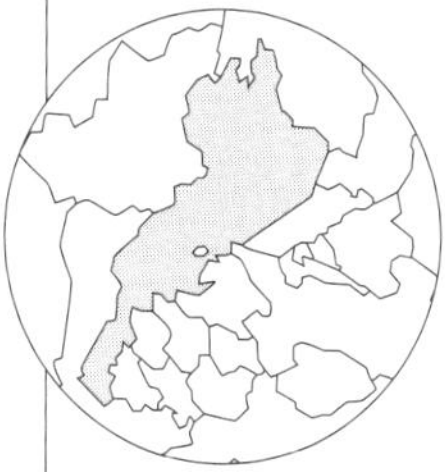

文 化

薬師如来（重文）が表紙を飾る鶏足寺の絵はがき

額田王《ぬかたのおおきみ》

『万葉集』に興味をもつようになったきっかけが何であったかは、忘れてしまった。中学か高校で教わって以来ほとんど接したこともなかったのに、いつの間にか額田王（生没年不詳）のことを話していた。

とりあえず、『万葉集』（角川ソフィア文庫）を読んだことがよかったと思う。素人向けにやさしく書かれてあって、苦労することなく読み進むことができた。表紙をめくるとすぐに、滋賀県立近代美術館所蔵の「飛鳥の春の額田王」という絵が載っている。額田王が万葉集を代表する女流歌人であることを如実に物語るとともに、大海人皇子との間であの有名な歌を詠んだ女性がどのような女性であったか、興味がそそられる。

ご存じの人も多いと思うが、有名な額田王と大海人皇子の歌を紹介しておこう。

あかねさす　紫野行き　標野行き　野守は見ずや　君が袖振る（額田王）

紫草の　にほえる妹を　憎くあらば　人妻故に　我れ恋ひめやも（大海人皇子）

この歌は、天智天皇の御世の六六八年に蒲生野《がもうの》で詠まれたとされている。蒲生野とは、東近江から八日市にかけての平野で、当時、大津からは一日がかりの行程で、何らかの宮廷行事が催されたらしい。

最初、大海人皇子の妻であった額田王は、一女をもうけたあとに中大兄皇子の後宮に入った。大海人皇子は中大兄皇子の弟であり、少しややこしい話となる。その大海人皇子が、すでに中大兄皇子の後宮に入った額田王と交わしたのが右の歌であるから、不倫の歌ということになる。「袖振る」というのは求愛のしるしというから穏やかではないし、「人妻」に「恋」というのだから、言葉通り受け取ればそういうことになってしまう。

しかし、この点についてては、公の場でこんなやり取りがされるくらいだから、この歌は不倫などというものではなく、その場の単なる座興であったのかもしれない。中大兄皇子は、当時すでに天智天皇として即位しているし、いくら弟とはいえ、宮廷行事の場でこのような歌を詠めるものではない。大海人皇子は四〇歳ぐらい、額田王は三五歳ぐらいだったと見られているから、アラサーとかアラフォーとか言っている現代とは違い、結構な年配になっていたということゆえ、真意のほどは……。

この歌が興味本位で取り上げられる理由の一つに、壬申の乱の際、天智天皇の息子である大友皇子と大海人皇子とが戦ったという後日談がある。結局、大友皇子が破れ、大海人皇子が天武天皇として即位している。一人の女性をめぐる両者の確執がこのような形に発展したという話は、ロマンスとしてはたしかにおもしろい。しかし、現実はやはり違っているのだろう。いくら額田王が魅力的な女性であったとしても、そのために戦《いくさ》になってしまうというのは考えられない。

滋賀県の歴史に詳しい木村先生にお会いしたとき、不躾とは思いつつ「額田王と大海人皇子の歌は本気でしょうか」と聞いてみた。当然ながら「洒落に決まってます」という答えが返ってくるものと思っていたら、少し違っていた。木村先生は、「本気と思わせるくらいに情感がこもっている」と言っておられた。その点については、何となく分かるような気がする。四〇歳とか三五歳とかいう年齢は関係ないのかもしれない。人というのは、いくつになっても変わらないものである。

あるメーカーの創業者が額田王の歌が好きで商品名を考えたと何かの新聞記事で読んだ記憶がある。私は、額田王の歌よりも大海人皇子の歌のほうが好きだとある人に話したら、「そういう経験がおありですか?」と切り返された。そんなことを言われるとは思いもよらなかったので少し面食らったが、この歌にはそう聞いてみたくなる何かがあるということだろう。

前述の角川ソフィア文庫の解説で、『万葉秀歌』(岩波新書)のことを知った。歌人の斉藤茂吉(一八八二〜一九五三)が『万葉集』のなかから約四〇〇首を選んで一首ずつ注釈を加えたもので、一九三八(昭和一三)年に出版されて以来、七〇年以上も重版が続いている。たしかに、ていねいに解説してあって名著だと思う。

ただ、最初に『万葉秀歌』から読みはじめていたら、続けて読むことができたかどうかは自信がない。一首一首を大切に繰り返して読むようにとされているので、暇にまかせて二、三首ずつ読んでいるが、まだ下巻の途中である。

『万葉集』の歌を口に出して読むと言葉に力が感じられ、現代の言葉とは違う響きが格調高く感じられる。「言霊《ことだま》」と言って、言葉にはその内容を実現する力があると昔は信じられていたと聞く。今でも、「噂をすれば影」と言うように不思議なことが起きる。単なる迷信だと思ってはいるが、かかわりたくないと思っていることはなるべく口にしないように私は努めている。つまり、自ら災難を呼び込んでしまうようなことだけは避けているということだ。

木村先生の話では、某大学のゼミで著名な教授が『万葉集』の講義をしたところ、女子大生がその教授に恋をしてしまったことがあるそうだ。講義で歌を読み上げているうちに、その響きに酔ってしまったのだろうか。若いころにこのことを知っていればもう少しもてたかもしれなが、今ではいかんせん遅すぎる。誰でも同じ効果が出るとはかぎらないが、『万葉集』の言葉とその響きには、それくらい人の心をつかむものがあるのだろう。

もし、「額田王のことをどう思うか」と聞かれたら、「きっと、魅力的な女性だったでしょう」と答えるだろう。歌は座興だったのかもしれないが、大海人皇子はまだ恋する気持ちをもっていたのではないだろうか。

中江藤樹

中江藤樹について、名前だけは何となく記憶のなかにあった。中学か高校の日本史の教科書に出ていたような気がする。ただ、どういう人物かはまったく知らないし、ましてや滋賀県の人とは思わなかった。「近江聖人」（五七ページ）のところで書いた通り、滋賀県出身の山本氏のすすめで藤樹神社へ出掛けた。

藤樹は、一六〇八年、近江国高島郡小川村の農家の長男として生まれた。そのまま農民として一生を送るという可能性もあったが、武士であった祖父の養子となり、九歳で親元を離れて米子へ行く。そのあと、主君の転封により伊予国大洲へ移住し、祖父の死去により一五歳にして跡を継ぐことになった。しかし、二七歳のとき、一人暮らしの母の面倒を見るために脱藩して故郷へ帰った。そのあと、自宅で私塾のようなものを開き、四一歳の若さで生涯を終えている。

それにしても、記念館の館長さんが教えてくれた『物語　中江藤樹』は読みやすかった。いつも鞄の中に入れて、移動中の電車や時間が空いたときに少しずつ読み進めていった。朱子学に限界を感じて陽明学を学んだということだったが、その生き方にはいろいろと考えさせられた。それだけに、四一歳の若さで亡くなったということが信じられない。優れた人は、短い人生でもこれだけのことができるのだと改めて思ってしまった。

本によると、藤樹は三〇歳で結婚したが、妻の容姿はあまりよくなかったと書いてある。記念館の館長さんが、「美化せず、事実に即して書いてある」と言っていたのはこのことかもしれない。その妻との間に、三五歳で長男、三九歳で次男が生まれているが、妻は産後のひだちが悪かったのか三か月後に亡くなっている。翌年、四〇歳で再婚したときの妻はまずまずの美人であったらしい。すぐに四一歳で三男が生まれたが、藤樹自身が持病の喘息《ぜんそく》で亡くなっている。

藤樹は、母に孝行を尽くすため故郷である近江に戻った。母と別れたときが九歳、今でいえば小学校三年生であり、さぞかし辛かったにちがいない。祖父の養子となったが、一四歳で祖母、一五歳で祖父を亡くしている。そして、一八歳のときに実父も亡くなり、実母は一人暮らしとなった。藤樹が天涯孤独を感じるとともに、母に対する想いを募らせたであろうことは想像に難くない。現代と違って当時のことを考えれば、伊予国大洲と近江国高島とでは二度と会えないかもしれないと思ったことだろう。

二五歳のときに帰省し、養子になって以来久しぶりに高島の土を踏んだ藤樹は、母に大洲での同居をすすめたが受け入れてもらえなかった。続いて二七歳で藩に対して辞職願を出したが、これも拒否されている。もうほかに選択肢がないと思った藤樹は、半年後に脱藩という暴挙に出る。主君の了解を得ないまま職を辞するとなれば、追っ手が差し向けられることを覚悟しなければならないし、捕まって処罰となれば死罪に処せられる可能性もある。

そんなリスクを冒してまでも、藤樹を母の元へ戻らせたものは何だったのか。儒教では祖先祭祀を重んじる。「①祖先の人々を慰霊すること（過去）、②親を愛すること（現在）、③子孫一族が続いてゆくこと（将来）、この三つを合わせて『孝』とするのが儒教なのです」と古典学者の加地伸行氏は書いておられる（『論語』角川ソフィア文庫）。論語を学んだ藤樹にはもちろんよく分かっていて、自ら実践したということなのだろう。

藤樹の人生を見ていると、今さらながら人生の評価をその長さで語ることはできないと思う。四一歳までの二〇年間でいくつかの書物を著した藤樹は、多くの門人の指導にあたった。その教えは、熊沢蕃山や渕岡山《ふちこうざん》（一六一七〜一六八六）によって近江以外の日本各地にも広まった。結果として、現在に至るまで「近江聖人」としてその名をとどめている。やはり、どのように生きたかで人生の評価は決まるのだろう。いまだに精神的には「不惑」にも達していない自分としては、考えさせられるばかりである。

一一月から『物語　中江藤樹』を読みはじめたが、読み終わったのは翌年（二〇一〇年）の一月だった。すべて読むことができたらもう一度藤樹神社へ行きたいと思っていたので、初詣を兼ねてお参りをした。その足で藤樹書院へも行ったところ、ボランティアの人とお話しすることができた。

「藤樹先生も人間だから、亡くなるまで悩みがなくなるということはなかったのではないでしょうか」と尋ねると、「それはそうでしょうね」と言っておられた。

今では、藤樹先生の教えについて、少しは理解できたような気がしている。先生の境地に達することはできないと思うが、一つの目標にして残りの人生を歩んでいきたい。

蓮如

蓮如についても、やはり中学か高校の日本史の教科書に出ていた記憶があり、名前だけは聞いたことがあった。浄土真宗の本願寺の勢力を拡大した人物、というぐらいの印象しかなかった。

滋賀県にある三〇〇〇あまりの寺院のうち半分以上が浄土真宗と言われており、その多くは蓮如の時代に増えている。親鸞の時代（一二世紀）には一〇に満たなかったものが、蓮如の時代（一五世紀）を経て一七世紀初頭までに一気に増加し、八〇〇～九〇〇となった。これはいったい何を意味しているのだろうか。また、それまでの天台宗などから浄土真宗へと変わっていったのはどうしてなのだろうか。

蓮如は、一四一五年に本願寺の僧侶の子として生まれている。五木寛之の『蓮如』（岩波新書）には、「寺の子として生まれた、ということは蓮如の生きかたを支配する、きわめて大きな条件」と書かれている。浄土真宗の開祖である親鸞は、斜陽の貴族の家に生まれたとされている。親鸞の師である法然（一一三三～一二一二）も、寺の子ではなかったとのことである。両者とも自ら出家して比叡山で修行をしているが、蓮如は生まれながらにして僧侶となることが決まっていた。

蓮如が生まれた当時の本願寺はさびれていて、日々の暮らしも楽ではなかったらしい。そのようななか、蓮如の父存如《ぞんにょ》（一三九六～一四五七）と給仕の女性との間に蓮如が生まれた。つまり、蓮如は正妻の子ではなかった。父が正妻を迎えることとなったとき、蓮如の実の母は本願寺を去っている。蓮如がまだ六歳のときのことであり、幼くして実母と生き別れたという事実がそのあとの人生に大きな影響を及ぼしたことはまちがいない。六歳と言えば小学校に上がる前で、甘えたい盛りである。

生きている生母と別れなければならないというのは、亡くなってしまうよりも辛かったのではないかと思う。六歳の蓮如にとっては、到底理解できなかったことだろう。結果として蓮如は、一生かけて母の面影を追い求め続けたのではないだろうか。死んだわけではなく、どこかで生きているはずの母を求める幼子の想いが、大人になっても心のどこかに残っていたとしても不思議ではない。

本願寺は京都の東山にあった。蓮如は生まれて以来ずっとそこで暮らしていたが、五一歳のときに延暦寺の攻撃を受けて京都を追われ、野洲郡金森（現・守山市金森町）へ逃れた。「金森の道西」という人物が蓮如の強力な支持者であり、その人のもとへ身を寄せたとされている。しかし、そこもしだいに攻撃を受けるようになったため、もう一人の有力な支持者であった堅田の本福寺の法住（一四七ページ参照）のもとへ移った。それ以降、滋賀県における蓮如の布教の拠点は堅田となった。

一四六八年には、堅田衆が室町幕府第八代将軍足利義政（一四三五～一四九〇）の邸宅用木材を運んでいた船を妨げたとして、室町幕府が延暦寺に攻撃を命じた。「堅田大責」と呼ばれるもので、火のついた矢が放たれ、家々が炎上、堅田の人々が琵琶湖の沖島へ避難するという事態となり、このとき蓮如自身も大津へ逃げたとされている。一四七一年、蓮如は五七歳のときにとうとう近江国堅田を離れて越前国吉崎へ赴いており、将来、一向一揆へとつながる土台がつくられていった。

各地で忙しく布教を続けながら、蓮如は五人の女性を妻として一三男一四女をもうけている。蓮如が精力絶倫とされる所以である。最初の妻は七人の子を産んで亡くなり、次の妻は前妻の妹で一〇人の子を産んで亡くなっている。七〇歳をすぎてからも五人目の妻との間に七人の子をつくっており、最後の二七番目の子どもが生まれたのは蓮如が八四歳のときである。その翌年に八五歳で生涯を終えているが、その生命力にはただ驚くばかりである。

ある会合で挨拶をしたとき、蓮如が本格的に布教をはじめたのは五〇歳すぎであり、八五歳で亡くなるまで五人の妻との間に二七人の子どもをもうけたという話をして、「自分もまだまだがんばらなくてはいけないと思う」と言ったところ、聴衆から笑いがこぼれた。ちょうど五〇歳になったところだったので前段の部分を強調したつもりだったが、後段の部分の印象が強かったらしい。その部分については、とても真似ができるようなものではない。

近江商人と蓮如との関係についてはなかなかよく分からなかったが、前出した五木寛之の『蓮如』では、「堅田衆は、かつて『良民』と呼ばれた一般農民とくらべますと、交通・水運に従事する人びとも多かったことから、（中略）アウトロー的な側面ももっていた人びとです。世間では人によって、彼らを『海賊』扱いする向きもありました」と述べられている。そういった自主独立の「非・常民」が蓮如のサポーターであった、というあたりに答えがあるように思える。

元三大師

慈恵《じえ》大師良源《だいしりょうげん》は正月の三日に亡くなったので、「元三大師」と呼ばれているのだそうだ。天台宗の「中興の祖」といわれ、数々の霊験や説話が残っていて、降魔大師、角大師《つのだいし》、豆大師などの異名をもっている。しかし私は、この偉大な人物のことについては何一つ知らなかった。それが、些細なことをきっかけに興味をもつようになった。

元三大師については〈京都新聞〉の記事で初めて知った。西教寺で角大師像が特別に公開されているという小さな記事が二〇〇九年一一月に載っていた。びわ湖検定を受検することもあって〈京都新聞〉の地域面に細かく目を通していたので、こういう情報は見逃すことはなかった。公開は三〇日までとされていたので、機会があれば立ち寄りたいと思った。そのときはまだ角大師がどういうものかも知らずに、一〇二五回忌で公開されているというのだかから、滅多に見ることができないものだ、と思ったぐらいである。

一一月のある日、たまたま坂本の近くへ行く用事があり、西教寺へ行くことができた。紅葉のシーズンだったが、平日の昼前のせいかそれほど混んではいなかった。お参りをする本堂までは拝観料を払わずに行けた。ご本尊にお参りしたあと、左の奥のほうを見ると角大師像が入った厨《ず》子《し》があった。木の柵のような仕切りが開いてたので、そこを通って奥へ進んだ。たしか案内標示があったと思うが、奥まで行く人はあまりいなかった。照明がなかったので厨子の中は薄暗く、そのせいか少し不気味な感じがしたのを覚えている。

角大師像は名前の通り角が生えていて、鬼の形相をしている。絵画では眉毛が強調される元三大師、厳しい修行の姿が鬼の形相に変化したと言われているが、鬼の姿に化けて疫病神を追い払ったという伝説もある。伝説とはいえ、なぜこういう姿になるのかと興味をもった。

角大師は護符にもなっていて、魔除けになると言われている。どこで手に入れるのか人に尋ねると、本堂の奥にある建物だと教えられた。護符には、角のようなものが生えた人の姿のようなものが刷ってある。寛政二年の版木というから、二〇〇年ほど前のものである。これまた少し気味が悪い版画であるが、そのほうが魔除けには効くのかもしれない。大津に住んでいるときは自宅の玄関に置いていた。

〈京都新聞〉の記事を読んでいたので、元三大師がおみくじの創始者とも言われていることは知っていた。そこで、おみくじを引いてみると、薄い縦長の紙の一番上に「吉」の文字があって、

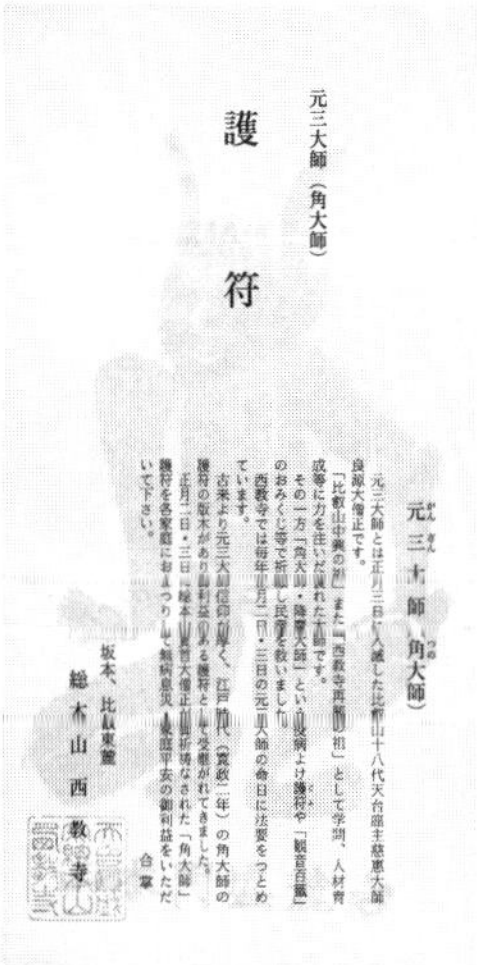

元三大師（角大師）の護符

上半分ぐらいに小さな挿絵と四行の漢字五文字とその説明がある。下半分ぐらいに詳しい説明が書いてあって、とてもいい内容だった。「じせつ来りて開運に向いたり」というもので、うつ状態から立ち直りつつあった自分には何とも力強かった。よいおみくじは自分で持っていてもよいそうで、今も財布の中に入っている。

おみくじは、それを引く人の気持ちそのものを表すのだろう。いろいろなことについて、「うまくいくだろう」とか「気をつけたほうがいい」とか書いてあるが、何か一つくらいは関心があるものがあり、引く人は自らの気持ちを確認する。「大吉」でもいい気にならないようにどこかに戒めの言葉が添えてあるし、「凶」でも落ち込まないように救いの言葉が必ず書いてある。元三大師は、人間の弱さを見抜いたうえでおみくじをつくられたのではないだろうか。

二〇一〇年一月、東京でも初詣をしようということで、一〇日ごろに家族で三鷹にある深大寺(1)へ行った。神代植物公園を通り抜けて境内に入ると、やたらと人が多い。深大寺《じんだいじ》へはそれまでにも何度か行っていたが、天台宗の寺院であることも、元三大師堂があることも認識してはいなかった。「降魔札《こうまふだ》」として売られている角大師の護符は、少し図柄が違っていて、西教寺のものよ

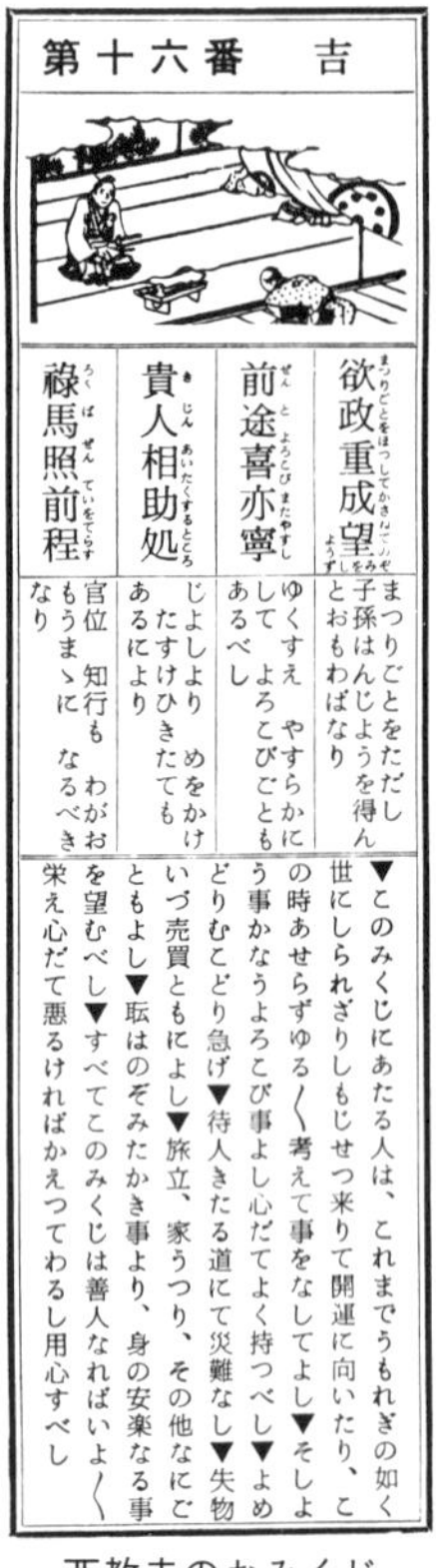
第十六番　吉

欲政重成望
前途《ぜんと》喜《よろこび》亦《また》寧《やすし》
貴人《きじん》相助処《あいたくするところ》
祿馬《ろくば》照前程《ぜんていをてらす》

まつりごとをただし子孫はんじようを得んとおもわばなり
ゆくすえ　やすらかにして　よろこびごともあるべし
じよしより　めをかけたすけひきたてもあるにより
官位　知行も　わがおもうまゝに　なるべきなり

▼このみくじにあたる人は、これまでうもれぎの如く世にしられざりしもじせつ来りて開運に向いたり、この時あせらずゆる〳〵考えて事をなしてよし▼そしよう事かなうよろこび事よし心だてよく持つべし▼よめどりむこどり急げ▼待人きたる道にて災難なし▼失物いづ売買ともによし▼旅立、家うつり、その他なにごともよし▼耘はのぞみたかき事より、身の安楽なる事を望むべし▼すべてこのみくじは善人なればいよ〳〵栄え心だて悪るければかえつてわるし用心すべし

西教寺のおみくじ

り角が細く長かった。

元三大師の没後一〇二五年を記念した企画展が、二〇一〇年二月末から「大津市歴史博物館」で開催された。自宅のあるマンションの掲示板にポスターが貼ってあり、何とか行きたいと思っていたので転勤が決まったあとの週末に出掛けた。京阪電車の別所駅で降りて歩くと、すぐに博物館に着いた。階段を上った高台にある博物館はとても重厚な造りで、二〇年ほど前に開館されたと受付で聞いたが、そんなに年月が経っているとは感じられなかった。

企画展では、彫刻や絵画の元三大師像が一堂に展示されていた。一人の人間の彫像があれほどたくさん並んでいるのは今までに見たことがない。比叡山の栄盛（生没年不詳）という僧が三三体つくり、蓮妙（生没年不詳）という人も六六体つくっていた、というように多くの彫像がつくられていたことは、元三大師への信仰がいかに厚かったかを示している。いずれの像も太い眉が強調されていて、強い信念をもった人物であったにちがいないという印象を受けた。

展示を通じ、「応和の宗論」と言われる清涼殿で行われた天台宗対南都仏教の

大津市歴史博物館で開催された企画展チラシ。〒520－0037　大津市御陵町２－２　TEL：077－521－2100

（1）　〒182－0017　東京都調布市深大寺元町５－15－１　TEL：042－486－5511

教学論争で、元三大師が相手方の法相宗《ほうそうしゅう》の法蔵（?〜九六九）を論破して名声を博したということを知った。九六三年八月というから、五一歳を目前にしたときである。九六六年には第一八代天台座主《ざす》まで上りつめるが、火災で伽藍の大半を焼失してしまう。しかし、火事あとの再建は凄まじかったらしく、根本中堂の大改修まで行っている。一方、僧侶の綱紀粛正を推し進め、修行の場としての比叡山の再興に努めた。

九八一年、祈祷による天皇の病気治癒などの功績が認められて大僧正の位に就いた。行基以来、史上二人目という快挙であった。そういうなかで、生身の不動明王だとか、観音菩薩の化身だとかいう信仰が生まれ、角大師へつながっていったのだろう。特権階級として停滞していた仏教界にとって、元三大師の実行力はまさに驚異的なものであったにちがいない。教えの原点に立ち戻り、苦しい人を救おうとする姿が広く支持されたことは想像に難くない。

東京からでは西教寺は遠いが、深大寺《じんだいじ》へは比較的簡単に行くことができるし、角大師の護符も手に入れることができる。最近、車を買い換えたので、深大寺で安全祈願をしてもらった。

行基・泰澄《たいちょう》・最澄

この三人、いずれも高僧である。行基と泰澄は奈良時代の人で、最澄は少しあとの平安時代の人である。あることをきっかけにして、この三人には関連性があることに気付いた。

泰澄の名前を初めて聞いたのは渡岸寺《どうがんじ》である。国宝の十一面観音の説明をしてくれた人が、この像をつくったのは泰澄です、と言われた。それまでに聞いたことがない名前だったが、語感が最澄に似ていると思った。引き続き説明を聞いていると、渡岸寺には最澄も関係しているとのことだった。単に名前が似ているだけなのかもしれないが、少し不思議な感じがした。渡岸寺の美しい十一面観音とともに、泰澄と最澄が関係している寺院であるということが記憶に残った。

二〇一〇年一月末、木之本から東に峠を一つ越えた古橋へ行ったとき、「己高閣《ここうかく》」という建物で「己高山《こだかみやま》由緒」という一枚の紙をもらった。それには、次のように書かれてあった。

己高山鶏足寺は神亀元年（七二四年）僧行基（六六八年～七四九年）によって十一面観世音菩薩を本尊として創建され、名を東光山常楽寺とした。時を経ず僧泰澄（六八二年～七六七年）も入山し行門を建立したが時宜を得ずしてやがて荒廃した。

延暦十八年（七九九年）僧最澄（伝教大師・七六七年～八二二年）が（中略）名を「己高山鶏足寺」に改め天台宗寺院として再興された。

己高山を通して、行基、泰澄、最澄の三人に何らかの関連性があると気付いたのはこのときである。それにしても、どうして己高山なのだろう。室町期には僧房一二〇宇を有する大寺院となり、比叡山を凌ぐほどであったと聞いたが、次第に衰退し江戸時代末期には無住となった。本堂

と権現堂が残っていたが、一九三三（昭和八）年に焼失している。「己高山由緒」によれば、琵琶湖が望める台地には礎石、石垣、庭園などが姿をとどめているとのことである（二三八ページも参照）。

行基は六六八年の生まれとされており、奈良時代の僧である。民衆を扇動したとして朝廷から一時弾圧されたが、東大寺の大仏建立への貢献が評価されて、七四五年に日本で初めて大僧正の位を贈られ、七四九年に八一歳で入滅したとされている。扇動するとまで言われたくらいだから、民衆への影響力は大きく並外れたカリスマ性をもっていたのにちがいない。行基が開いたと言われるお寺はたくさんあり、竹生島《ちくぶじま》の宝厳寺《ほうごんじ》もその一つである。

修験道という宗教がある。山岳信仰と仏教が習合したものとされており、役小角《えんのおづぬ》（生没年不詳・役行者）が開祖と言われている。伝説的な人物で分からないことが多いが、役小角と行基の両者が関係したとされている寺院が少なからずある。出家した僧侶に比べると、修験者や山伏は在家であり、民衆にとっては親しみやすい存在だったのではないだろうか。その点では、民衆から支持された行基のイメージと重なる部分がある。行基図（八四ページ参照）も修験者がつくったというほうが私にはしっくりくる。

泰澄は六八二年の生まれとされており、行基とは同時代の人物である。三人のなかでは一番情報が少ないが、白山[2]を開山したと伝えられている。白山の山頂には白山比咩《しらやまひめ》神社の奥宮がある。

白山比咩神社は、全国にある白山神社の総本宮ということになるらしい。白山は、霊峰として古くから信仰の対象だった。七一七年に泰澄が初めて登頂して以来、修験道のメッカとして栄えたとされている。泰澄が修験道の僧とされるのも、そのあたりから来るのだろう。

行基と泰澄は、直接会う機会があったのだろうか。福井県の越知山《おちさん》大谷寺の資料には、「七二四年、行基が白山を訪ね本地垂迹《ほんじすいじゃく》の由来を問うた」と書かれていた。「己高山由緒」では、行基による創建は七二四年とされており、白山のあとに己高山へ行ったのだろうか。白山から伊吹山に至る稜線上に己高山はあると聞いたことがある。渡岸寺《どうがんじ》の十一面観音は七三六年の天皇の勅を奉じて泰澄が彫ったとされているが、泰澄は己高山で十一面観音を彫ったのだろうか。

最澄は七六七年の生まれとされており、行基（七四九年没）、泰澄（七六七年没）とは時代が重なっていない。最澄が生まれたのは七六六年とする説もあり、泰澄が亡くなる前であった可能性もあるが、いずれにしても最澄が物心ついたころには行基も泰澄もすでにこの世にはいない。七七八年、最澄は一二歳で出家したとされるが、その三〇年ほど前に日本で初めて大僧正の位に就いた行基のことは当然知っていただろう。そして泰澄も、当時はかなり有名であったと思われるので知っていたのだろう。

ご存じの通り、最澄は比叡山で天台宗を開いた人物であり、「伝教大師」と言われている。いわゆるエリートで国費留学生のような待遇で八〇四年に中国へ渡り、天台教学を学んで翌年に帰国している。このときの遣唐使一行の船には空海（七七四〜八三五）も乗っていたとされている。

（２）　富山県、石川県、福井県、岐阜県にまたがる2,702メートルの山。

帰国後に天台宗は国家公認の宗教となり、さらに最澄は、比叡山で僧侶となることを認めるための大乗戒壇の設立を目指した。その悲願は、最澄が亡くなったあとに実現しており、それ以来「延暦寺」として繁栄を続けるようになった。

最澄が渡来人の子孫であることは、比叡山に登ったときにどこかで読んだ。そうとは知らなかった私は、少し驚いたように記憶している。行基も渡来系の一族の子孫だとされている。泰澄についてはよく分からないが、渡岸寺の十一面観音には日本のほかの仏像には見られない特徴があり、それを彫った人物が育った環境も中国大陸や朝鮮半島の影響を受けていたのではないだろうか。そもそも、渡来系の人々なくして当時を語ることはできない。

石道寺《しゃくどうじ》

石道寺については、井上靖の『星と祭』という小説で初めて知った（一〇四ページ参照）。湖北の観音を題材にしたこの小説については、渡岸寺《とうがんじ》で十一面観音の説明をされた方から教えてもらった。

『びわ湖検定』によると、井上靖の『星と祭』は一九七一年五月一一日から翌年四月一〇日まで〈朝日新聞〉に連載され、大好評を博したとされている。一九七二年に単行本が発行され、一九七五年には角川文庫に収録された。私が読んだのも文庫本である。上下二冊に分かれていて、読み終わるまでにかなり時間がかかりそうな気がした。湖北の観音について書かれているのを期待して読みはじめたが、上巻の後半になってやっと話が出てきた。

『星と祭』では、最初に渡岸寺の十一面観音が登場する。本堂の中で大日如来と阿弥陀如来の間に立っていたと書かれている。一九七四年一一月一八日に現在の収蔵庫へ移ったとされているので、それより以前のことなのだろう。観音を見た主人公の男性は、「頭の上の十一の仏面が、王冠のように見えますね」、「古代エジプトの王妃さまみたいですよ」と言う。

渡岸寺に続いて石道寺の十一面観音が登場する。無住のお堂で、付近の農家の人々がお守りをしているとされている。普段は扉が閉まって鍵がかかっている厨子の中に三体の十一面観音が収められていて、中央にあるのがご本尊の十一面観音である。「観音さまというより、美人がひとり立っている」、「この十一面観音さまは、村の娘さんの姿をお借りになって、ここに現れていらっしゃるのではないか」というのが、主人公の男性が受けた印象であった。

石道寺へ行ったのは二〇一〇年二月末である。湖北で満月を見たくなり、高月でよい宿が見つからなかったので彦根のホテルに泊まったことを先に書いた。翌日、どこへ行こうと考えて、木之本へ行くことにした。渡岸寺で聞いた己高山のことはかなり記憶に残っていたので、古橋という集落へ一度行ってみようと思った。古橋がどのあたりにあるのかもよく知らなかったが、最寄り駅は木之本と分かっていたので、とりあえず彦根からＪＲに乗った。

木之本駅に着くと、まず観光案内所を訪ねた。駅からバスもあったが、最寄りのバス停からも少し距離があるみたいだったのでタクシーで行くことにした。タクシーは木之本地蔵前の北国街道を通ってから左に曲がり、少し狭い道を通ってから左へ進んでトンネルをくぐった。トンネルを抜けて右に行くと今度は川があり、橋を渡って広い道路を横切ると古橋の集落だった。集落の中心部を右に曲がってから、狭い道をしばらく走ると石道寺に着いた。

この冬は四年ぶりに雪が多かったようで、春が目の前という二月末でも雪が少し残っていた。タクシーを降りた駐車場とお寺の間には小川が流れていて、石橋を渡ってお寺のあるほうに行った。少し石段を上ると、十一面観音が収蔵されていると見られるお堂があった。時刻は九時半をすぎたぐらいで、私のほかにはお参りに来ている人はいなかった。お堂のそばに小屋があって、拝観料を支払うと、そこにいたおばあさんがお堂の中を案内してくれた。

十一面観音はやはり厨子《ずし》の中に入っていて、おばあさんが鍵をはずして扉を開けてくれた。観音をひと目見たときの感想は、『星と祭』の主人公と同じで、とても美人だと思った。渡岸寺の観音は、日本に七体ある国宝の十一面観音のなかで一番美しいと言われるが、それとは違って生身の人間にもっと近い感じがした。唇の赤い彩色が少し残っているので、そう思ってしまうのかもしれない。

お参りをした所に座って眺めていたら、「もっと近づいても構わない」とおばあさんに言われたので厨子の前まで行ってみた。ちょうど『星と祭』を読んでいるところだったので、「石道寺の十一面観音のことも書かれている」とおばあさんに話すと、「井上靖氏も観音を見に来られ、そのときに案内したのが私です」ということであった。小説のなかに出てくる「内儀さん」とは、おばあさんがモデルになっていると聞かされて本当にびっくりした。

おばあさんに「こちらの観音様はとても美人ですね」と話すと、「観音は中性的で性別はなく、石道寺の十一面観音にもヒゲが生えている」と言われた。それまでは気付かなかったが、もう一度近くまで行ってみると、唇の横のあたりにたしかにヒゲのようなものがあった。ひと目見たときの美しさに心を奪われてしまい、すぐに美人だとか言ってしまう自分が俗物であることを改めて思い知らされた。とはいえ、石道寺の十一面観音が美しいことに変わりはない。

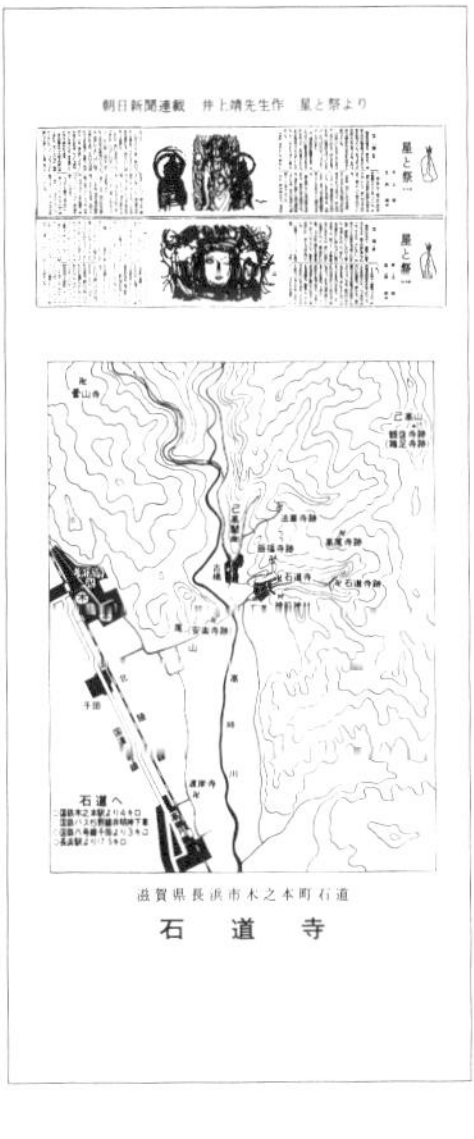

観音様の写真と石道寺のパンフレット。〒529－0412
長浜市木之本町石道419
TEL：0749－82－3730

鶏足寺《けいそくじ》

鶏足寺のことも、井上靖の『星と祭』で知った。己高山にあった寺院は鶏足寺であり、一九三三（昭和八）年に焼失するまで残っていた仏像などが古橋にある己高閣《ここうかく》・世代閣《よしろかく》に収蔵されている。

石道寺から己高閣・世代閣までは歩いていった。現在の鶏足寺は石道寺の本堂脇の山道を登った所にあり、古橋から現在の鶏足寺へは遊歩道が通じているので、本来は山道を少し登ってから遊歩道を逆に古橋方面へ行くのが近道らしい。しかし、「今は雪が残っていて通れない」と石道寺で案内をしてくれたおばあさんから言われた。仕方がないので、通常の道路を歩くことになった。一般の住宅が点在するなか、己高閣・世代閣までは三〇分程度かかったと思う。

パンフレットによれば、己高閣は、一九六三（昭和三八）年、滋賀県下において初めて国庫の補助を受けて建設された文化財収蔵庫で、與志漏《よしろ》神社の境内地に建立され、己高山諸寺に祀られていた諸仏のうち、本尊十一面観音、七仏薬師ほか重要な仏像が安置収納されている。古橋のバス停から歩くと、まず階段を上った丘の上に與志漏神社があり、その奥に己高閣、世代閣の順に建物があり、周りにもいくつか木造の建物があった。

世代閣は、與志漏神社と特別な関係にある世代山戸岩寺の寺宝などの保存のため、地区住民の浄財のみによって建設された収蔵庫で、一九八九（平成元）年に開館されている。本尊薬師如来をはじめ多くの仏像仏画その他出土品や古文書類が収納されており、収蔵品のなかにはお市の方が奉納したと伝わる屏風もある。住民の浄財だけで収蔵庫を建設したというあたりに、十一面観音に代表される当地の文化財に対する古橋の人々の想いが感じられる。

己高閣・世代閣に着いて拝観料を支払うと、地元のおじさんという感じの人が案内してくれた。私以外に観光客はおらず、まず己高閣の鍵を開けて中に入った。五〇年も前に建設されたとは思えないくらいよく管理されており、録音テープによる説明を聞いてから仏像を見て回った。そして世代閣には、魚藍観音《ぎょらんかんのん》といわれる魚が入った籠を左手に持った珍しい仏像があった。あんなに変わった姿をした仏像はほかでは見たことがなく、不思議な感じがした。

御本尊の十一面観音について『星と祭』の主人公は、「石道寺の十一面観音に似ていると思った」と言っている。また、「石道寺の観音さまのモデルを村の娘とするなら、この方は村の内儀さんということになる」ともコメントしている。たしかに、そう言われればそんな気もしないでもない。行基による創建時の十一面観音の頭部が荒廃した寺院跡に埋もれていたが、最澄が発見して新たに胴体部分をつくったと言われているようだ。そう

己高閣・世代閣のパンフレット。〒529－0411
長浜市木之本町古橋
TEL：0749－82－2784

聞くと、上下の作風が少し違っているような感じがしてきた。

由緒ある寺の名前がどうして「鶏足寺」なのだろうと思っていた。パンフレットによれば、「僧最澄が、行基菩薩の聖跡を慕い己高山高尾の草庵に投錫され、裏山に瑞光の奇しきを観じ不思議なる鳥の声に魅せられ嶮岨をよじ登り、薄雪に残る鳥の足跡に導かれ進むうちに発見されたのが、霊貌は灰燼に埋没すれど仏頭未だ鮮やかな十一面観音様」とされているので、それに由来するのだろう。

世代閣を案内してもらっていると、男性の観光客が二人やって来た。紅葉の季節ならばともかく、冬のこの時期に訪れる人が私以外にもいたとは……。

世代閣を出たあと、周りにいくつかある木造の建物へ案内された。この中にも仏像などが納められているということだったが、電灯を付けてもらってもあまりよく見えなかった。いかんせん、暗すぎる。己高山諸寺に祀られていた仏像などは膨大な数に上ったと言われており、己高閣・世代閣の収蔵庫だけではとても収納しきれないのだろう。

あとから来た観光客の二人はタクシーを待たせていたようで、早々に帰っていった。JR木之本駅行きのバスの時間を調べると、四〇分ぐらい待たなくてはいけなかった。木之本観光案内所でもらった「きのもとみどころマップ」を見ると、「観音様なら……」として石道寺、己高閣・世代閣のあとに医王寺《いおうじ》が載っていた。「数奇な運命で医王寺の本尊となった十一面観音は井上靖の『星と祭』にも取り上げられており、「村の乙女の観音さんと称される端正でありながら流麗

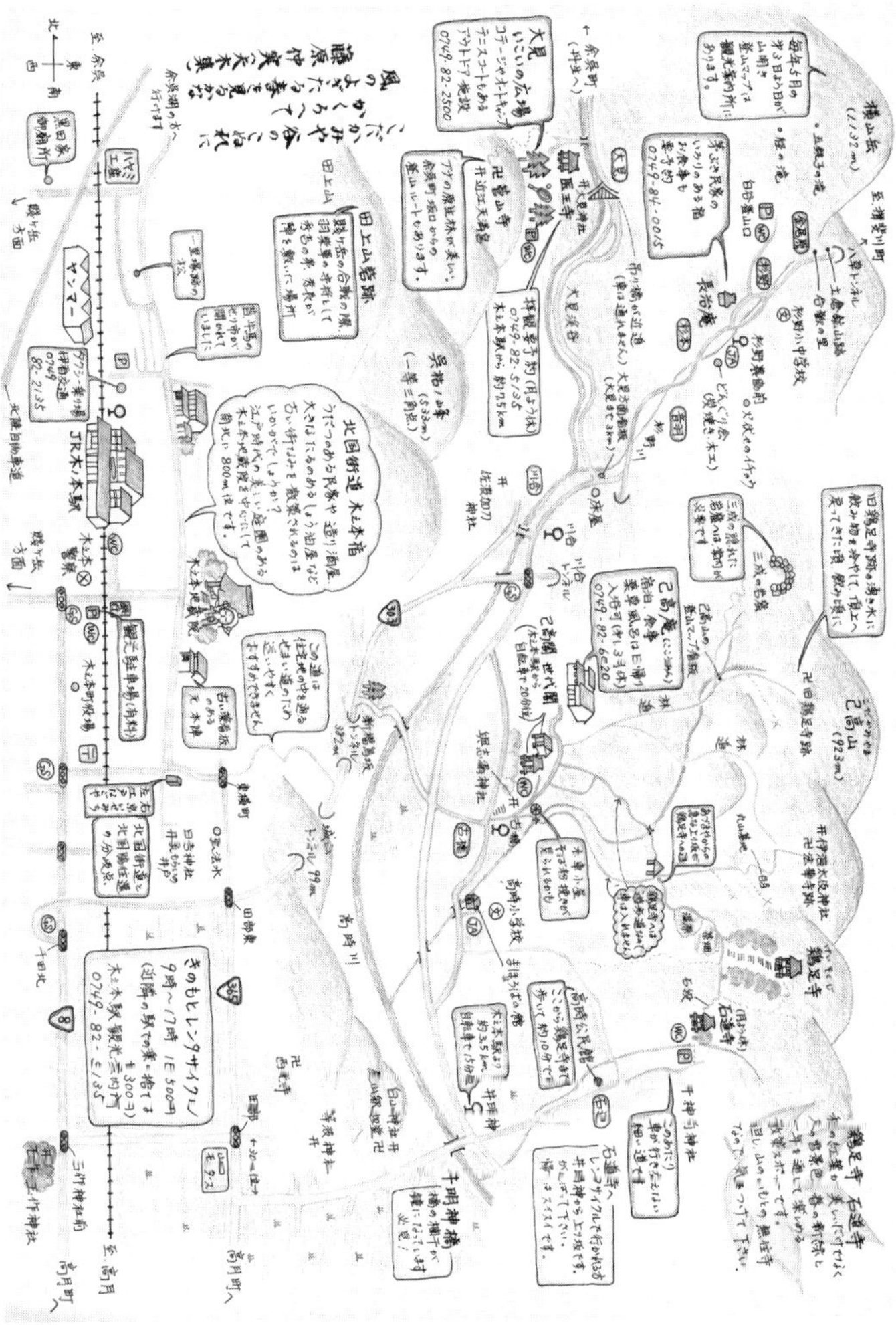

きのもとみどころマップ

な物腰の観音様です」と書かれている。どうもこのフレーズが気になり、医王寺にも行くことにした。

医王寺

訪れようと思った時点では『星と祭』の上巻が終わったぐらいだったので、医王寺はまだ出てきていない。

己高閣《ここうかく》のバス停の近くにいた年配の人に、医王寺まで徒歩でどのくらいかかるか尋ねると、「一時間はかからないだろう」と言われた。それならJR木之本駅へ行くバスを待つ時間と大して変わらないので、この機会に医王寺[3]へも行ってみようと思って歩きはじめた。その判断が甘かったことを、あとになって思い知らされることになる。

與志漏《よしろ》神社の横を下りて車道に出ると、石道寺から来たのとは逆方向に歩いていった。医王寺は拝観要予約となっているので、観光案内所に電話をかけてみると、お寺に確認するとのことだった。そのまましばらく歩くと少し大きな道路にぶつかったので、右折して高時川沿いに「川合」のバス停を目指した。通りすぎる車はあまりなく、歩いている人もいなかった。雪解け水のせいか水量のある高時川を横に見ながらひたすら歩いた。しばらくすると観光案内所から電話があって、拝観できるとのことだった。

バス停までは思っていたよりも時間がかかり、医王寺まで本当に一時間で行けるのだろうかと思いはじめた。ようやくバス停にたどり着き、帰りはバスで帰るつもりだったので、JR木之本駅行きのバスの時間を確認した。バスの本数はかぎられていたが、医王寺へ行って帰ってくることを考えて帰りのバスを決めた。そこからさらに道を行くと、左側に大見渓谷の入り口があった。そのあたりまでは結構人家があった。

バスが通る道路から離れて、今度は大見渓谷を左に見ながら歩いていった。渓谷というだけあってだんだん山の中へ入っていく感じで、左右の林には結構雪が残っていた。しばらく行くと歩道がなくなったので、路肩を歩くしかなかった。道は余呉町へ続いているらしいが、ここでも車と出合うことはほとんどなかった。ましてや、歩いている人などまったくいない。少し寂しくなってきたが、医王寺へ行くほかはなかった。

『星と祭』にはヒマラヤの高地を目指して山を登っていくシーンがあり、なんだか自分も山を一人で登っているような気分になってきた。峠を越えたあともなかなか人家は見えてこなかった。この先に本当に医王寺があるのだろうかと不安に思いながら歩いていると、やっと集落が見えてきた。そこの集落を少しすぎて、左手の川に架かった橋を渡った所に医王寺はあった。すぐ近くにはキャンプができるような施設もあったが、冬のこの季節に人影はない。

十一面観音が入っているお堂には鍵がかかっていた。すぐそばの建物に人がいる感じがしたので、玄関先で「ごめんください」と言ったが誰も出てこない。中で人の声がしているが、すっか

（３）　〒529‐0415　長浜市木之本町大見677　TEL：0749‐82‐5902（木之本町観光協会）

りくつろいでいる様子で気付いてくれない。何度か声をかけると、ようやく人が出てきた。「十一面観音を拝観したい」と観光案内所に電話した者であることを伝えると、お堂の鍵を開けて中へと案内され、厨子の中の十一面観音を見せてくれた。

『星と祭』の主人公は一一月の終わりに車で医王寺を訪れている。橋のたもとで車を降りて橋を渡り、やはり地元の人の案内でお堂に入って、厨子の扉を開いてもらって十一面観音を拝んでいる。年月も季節も違うが、私はほとんど同じことをしたのだと思う。主人公の感想は、「確かに端麗な顔の十一面観音である。（中略）胸のふくらみは殆どなく、総体にきりっとした体つきで、清純な乙女の体がモデルに使われてでもいそうに思われる」というものであった。

医王寺の十一面観音

ここで、十一面観音の写真を一枚買った。いくつか種類があったが、実物のイメージに一番近い白黒の写真である。本物と違うところは、写真では厨子の中に入っていないという点である。きっと調査や修理のとき撮られたのではないかと思う。たしかに、きれいなお顔に華奢な体つきをしていて、乙女のように見えなくもない。渡岸寺《どうがんじ》や石道寺《しゃくどうじ》の十一面観音とも違った美しい観音である。

お堂に案内してくれた人から古い新聞記事のコピーをもらった。「湖国の観音巡り」と題した連載コラムは、「医王寺は、観光バスでは行けないかくれ里、木之本町大見にある」ではじまっている。十一面観音は、一八八七（明治二〇）年に医王寺の僧が長浜の古物商の店頭にあったものを買い受けて寺に持ち帰ったとされており、己高山仏教圏のどこからか流出したものであろうという。「頭部のお飾りや、お顔の様子から、うぃういしい花嫁御寮を連想させてくださる」と書かれていた。

医王寺からの帰りはタクシーを呼んでもらった。己高閣からは一時間半近くかかったのではないかと思う。「川合」のバス停までなら四〇分ぐらいで行けるかもしれないが、もうその元気はなかった。最初に行った石道寺から考えると、一日で二時間以上歩いていたと思う。案内してくれた人の話では、昔は古橋の高時小学校まで毎日歩いて通学したそうだ。そういう時代の人であれば、己高閣から医王寺まで歩いても一時間はかからないかもしれない。

今、振り返ると、医王寺までよく行ったものだと思う。毎朝ウォーキングをしていたとはいえ、あの季節によほどの物好きでなければ医王寺まで歩いたりはしないだろう。そのときの私は、何かの衝動にかられていたような気がする。医王寺へ行ったことで、渡岸寺にはじまった湖北の十一面観音をめぐる旅は終わった。『星と祭』にはこれら以外の十一面観音が出てくるが、とりあえず見るべきものは見たような気がした。

再び渡岸寺《どうがんじ》

観音は、救いを求める人を救済するため姿を現すと言われている。私が、渡岸寺の十一面観音に次第に惹かれるようになって三回も見に行ったのは、何か救いを求める気持ちがあったのだろうと思う。

二回目にお参りしたあと、しばらく行くことはないだろうと思っていたが、三回目の機会は意外と早くやって来た。鴨鍋を食べに友人と長浜に行ったことはすでに何度か触れたが、鴨鍋シーズン中での直前の予約にもかかわらず、長浜在住の人の紹介で、地元でも美味しいと有名な店で鴨鍋を堪能することができた。お酒もたくさん飲んだので、その日はそのまま長浜に泊まり、二日目は渡岸寺の十一面観音を見るために高月へ出掛けた。

琵琶湖畔にあるホテルを八時すぎに出て、マイクロバスで長浜駅まで送ってもらった。高月方面への電車は出たばかりで次の電車までには少し時間があったが、ほかに行くあてもないし、前回と同じように午前一〇時ごろまでに渡岸寺に着けばいいと思っていた。長浜駅から高月駅までは北陸本線で三駅、時間にして一〇分である。

ちなみに、『びわ湖検定』によれば、「琵琶湖線」とは、JR西日本の東海道本線京都駅―米原駅間と北陸本線米原駅―長浜駅間の愛称とのことである。一九八九（平成元）年、京都駅―米原駅間が「琵琶湖線」と命名されたあと、一九九一（平成三）年に北陸本線の田村駅―長浜駅が交流から直流に変更されたときに米原駅―長浜駅間が加えられた。二〇〇六（平成一八）年には長浜駅―敦賀駅間も直流に変更されたが、この部分は加えられていない。

高月駅から渡岸寺までの道は前回来たときも歩いていたので分かっていた。その日は少し雨が降っていて風もあったが、友人を案内しながら歩いていくと道の傍らに小さな案内板があった。高月町教育委員会の名前が入った「槻《つき》の木十選」というこの案内板によれば、この地にはケヤキの巨木が多かったらしい。そのため「高槻」と呼ばれていたが、平安時代後期の歌人大江匡房《まさふさ》（一〇四一～一一一一）が月見の名所として歌を詠んだことから「槻」の文字を「月」に改めたという。

すぐそばに渡岸寺の山門があった。いつもと同じく手を清めてから拝観料を支払い、国宝の十一面観音を収蔵する建物の中に入った。今回も、観光客の姿はまばらだった。録音テープによる説明やお寺の人の補足説明もいつも通りだったが、今回私は、十一面観音を見ることに集中しようと思っていた。すでに転勤が決まっていて、しばらくは見納めになるので、この機会に十一面観音をじっくりと見ておきたかったのだ。

見納めのつもりで改めてじっくりと見ると、それまで美しいとばかり思っていた十一面観音の表情がとても厳しいものであることに気付いた。観音は、救いを求める人を救済するといっても、自ら努力しようとしない人までは助けたりしないのだろう。右足を踏み出して右手を差し伸べているようにも見えるが、救いを求める側も一歩踏みだそうとしないかぎりその手には届かない。

十一面観音の厳粛な姿を見ながら、そんなことを考えていた。

渡岸寺の十一面観音は国宝であるため本堂とは別の建物に収蔵されており、その周囲を回りながらいろいろな角度から見ることができる。頭部に付いている十一面の表情をすべて見ることができるのはありがたいが、私には後方からの観音像のシルエットがどうしても女性に見えてしまう。そのことを知り合いに話したところ、「まったくその通りだと思う」ということだった。男性の場合、不謹慎と思いつつも私と同じように感じる人がいるのではないだろうか。

しかし、本来の十一面観音は、いろいろな角度から見るものではないのかもしれない。石道寺や医王寺の観音は、厨子に入っているので後ろから見ることができない。渡岸寺の観音も、本堂に置かれていたときは簡単に後ろから見ることはできなかっただろう。美術品として公開されている今はともかく、信仰の対象としては、前からお参りできるだけでよかったのだと思う。そんなふうに考えると、国宝として展示されている十一面観音が何だか可哀そうに思えてきた。

十一面観音を収蔵する建物を出て、拝観料を支払った所で、最初のときには値段が高いという理由で買わなかったポスターをお土産として買った。いずれ額装にしたいと思っているが、東京に戻った今もまだ丸められたままである。写真立てになっている十一面観音が自宅にあったので、会社に持っていって自分の席の後ろのキャビネットに置いている。大津支店で部屋の壁に掛けてあった十一面観音の写真の代わりであるが、変わった人だと思われているかもしれない（四〇ページ参照）。

最近でもときどき、写真立ての十一面観音に向かって、お祈りをしている自分に気付くことがある。仕事が少し難しくなったときやうまくいかなくて気弱になったとき、観音に救いを求めている。むろん観音が何かしてくれるわけではなく、要するに自分の問題であることは分かっている。それでも、十一面観音の厳粛な姿を見ると、現実に立ち向かう気持ちが湧いてくる。観音は、救いを求めて自ら努力する人をきっと助けてくれるにちがいない。

渡岸寺の十一面観音は、七三六（天平八）年、都に疱瘡が大流行し死者が相次いだため聖武天皇が除災の祈祷を勅し、泰澄が勅を奉じ祈願をこめて彫んだ、とパンフレットには記されている。織田信長と浅井長政の戦乱による兵火に襲われたときには、住職と住民が観音を運び出し、土中に埋めて難をまぬがれたとも言われている。一八九七（明治三〇）年に国宝の指定を受け、一九七四（昭和四九）年から今の建物に収蔵されている。数奇な運命を経て、一二〇〇年以上も人の営みを見てきた観音に出会えたのは幸運だった。

今から振り返ると、渡岸寺の十一面観音と出会うことは運命であったようにさえ思えてくる。大津に勤務したおかげで、美しい観音に会うことができたことにとても感謝している。

己高山《こだかみやま》

己高山（九二三メートル）へは、ＪＲ木之本駅を少し山側に入った古橋という集落から登ることができる。かつては鶏足寺として多くの僧坊があり、今でも礎石や石垣などが残っている。二〇一〇年の九月の連休に、一泊二日で古橋へ行くことができた。東京へ転勤してから滋賀県を訪れるのは今回で二回目で、前回は用事のついでに安土城址へ出掛けたが、今回はとくに用事はなく純粋に観光が目的だった。まず、石川県の白山比咩《しらやまひめ》神社(4)へお参りしたあとに湖北あたりで一泊して、翌日に車で伊吹山へ登ろうという計画を立てた。白山から伊吹山に至る稜線は修験者の道で、途中に己高山があると聞いたので、それに沿ったコースを一度辿ってみようと考えたわけである。

神社仏閣好きの家内は、以前から加賀国の一の宮である白山比咩神社へ行きたいと話していたので異存はなかった。子どもたちには、連休なので「旅行に行く」とだけしか言わなかった。泊まる場所を探していたら、古橋に「己高庵《ここうあん》」という宿があるのを見つけたので、ここしかないと思って予約をした。当初は、新幹線で米原まで行って、そこでレンタカーを借りようと考えていたが、ちょうど新車に買い換えたこともあって自家用車で出掛けることにした。

かなり時間がかかることは承知していたので、夜明け前の午前四時半に家を出発して、関越、上信越、北陸と高速道路を乗り継ぎ、六時間かかって白山比咩神社に到着した。さすがに一の宮だけあってお宮参りや七五三で参拝に来ている人が多く、わが家も良縁成就を祈祷してもらった。御祭神が菊理媛神《くくりひめのかみ》であるためか、祈祷の途中に、巫女さんがクルクル回る舞があったことが珍しい。

私のほうは、白山比咩神社自体にそれほど興味があったわけではない。白山を開山したと伝えられているのは泰澄であり、本音を言えば白山に登りたかったが、とても時間が足りない。

軽い昼食を済ませてから再び北陸自動車道に入り、その日の宿の己高庵へと向かった。カーナビの到着予定は午後三時半ぐらいだったので、なんとか夕方までには着ける。滋賀県に入ってすぐの賤ヶ岳SAに立ち寄ってみると、近江の特産品などがいろいろと並べてあり懐かしく感じられた。高速道路からは余呉湖を見ることができなかったが、進行方向に琵琶湖が見えた。ほどなく木之本ICに到着して、六〇〇キロ近い自動車道のドライブが終わった。

木之本へは仕事でも二、三度来たことがあり、三月末に大津で最後の出張となったのも木之本だった。見覚えのある道をカーナビの指示通りに走ると、線路を渡って石畳の道になった。北国街道だろうと思ってそのまま進むと、木之本地蔵の角に出た。右折して再びカーナビに従うと、以前にタクシーで古橋へ行ったときと同じ道だった。車が一台しか通れないような道や別世界とつながっていそうなトンネルを抜けて高時川に架かる橋を渡った。

そこからはかつて歩いた道であり、カーナビがなくても大丈夫である。こういう形で再び来るとは思っていなかったので、少し不思議な感じがした。與志漏《よしろ》神社の鳥居へ上る石段の角を左へ曲がり、己高閣《ここうかく》・世代閣《よしろかく》のある丘を左手に見ながら道なりに進むと己高庵に着いた。民宿のようなものを想像していたが、瀟洒な建物が立っていた。駐車場にも車が結構停まっていたので、我が家のほかにも宿泊客がいるようで少しほっとした。

　時刻はすでに四時半になっていたが、家内と少し散策することにした。二月末に来たときは雪で通れなかった遊歩道を、前回とは逆方向に鶏足寺、石道寺のほうへ向かって歩いた。その日は曇り空で木陰になると少し薄暗く人通りがほとんどないので、何だか異空間にでも迷い込んだような感じがした。石道寺の十一面観音が拝観できるかと思って、鶏足寺の参道前を通りすぎて石道寺へ行ったがすでに閉まっていた。その帰り、前回は行けなかった鶏足寺（旧飯豊寺《きゅうはんぷくじ》）を訪れた。

　旧飯豊寺は七三五年に行基が開いたと言われ、己高山鶏足寺の別院として、中世には僧兵を擁するほどの大寺であったとされている。参道の両側に沿って、かつて建物があったと思われる石垣で囲まれた区画があり、そのなかの一つに「大黒天神」と刻まれた碑があった。いつ

己高庵の絵はがき。〒529－0411
長浜市木之本町古橋1094　TEL：0749－82－6020

ごろのものだろうと思って側面を見ると、「明治三四年」と刻まれていた。そのころは、まだ信仰の名残があったのだろうか。現在の鶏足寺は無住となっているが、紅葉の名所でもある。

己高庵に戻り、ひと風呂浴びてから夕食をとった。地元の食材を使った季節の懐石料理を美味しくいただきながら、「七本槍」の冷酒を飲んだ。夕食後にもう一度お風呂に入ると、露天風呂から雲間に少しだけ月が見えた。あと数日経てば中秋の名月だった。そもそも二月末に古橋に来たのは、井上靖の『星と祭』に触発されて湖北で満月を見たくなったからだった。そのときには己高庵のことを知らずに彦根のホテルに泊まったが、ようやく願いが叶ったことになる。

翌日の早朝に家内を散歩に連れ出し、己高閣《ここうかく》・世代閣《よしろかく》を建物の外から説明した。與志漏《よしろ》神社にはお参りしたのは初めてだった。前回も見たことのある、かつての己高山の様子を示した地図を見ていたら、己高山の右側後方

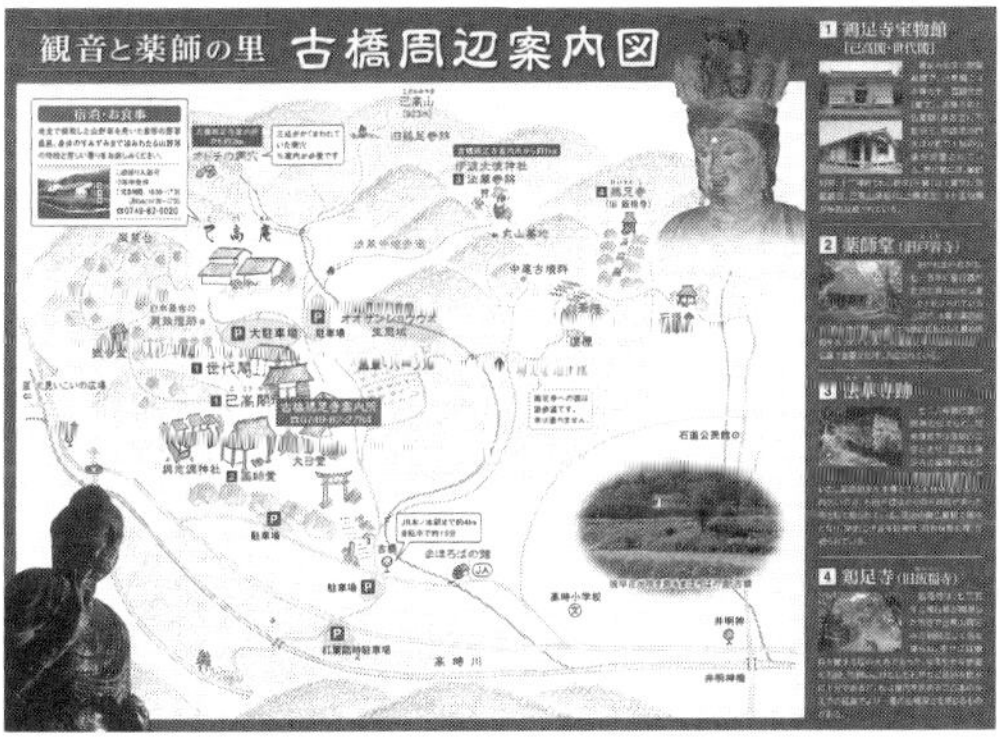

古橋周辺案内図

に白山が描かれているのに気付いた。やはり、己高山と白山には何か関係があるのではないだろうか。

　己高庵からはまず渡岸寺《どうがんじ》へ行った。私にとっては四度目となるが、家内は十一面観音の実物をまだ見たことがなかったので連れていくことにした。三月に来て以来、もうしばらくは見られないと思っていたが、思いがけず早くその機会がやって来た。十一面観音の美しさに変わりはなかったが、家内の感想は右隣にある大日如来のお腹が少し出ているというものだった。横から見るとたしかにその通りであり、人によって気が付くところが違うということである。

　渡岸寺のあとは、伊吹山ドライブウェイで伊吹山に登った。全長一七キロもあり、山頂の駐車場まではかなり時間がかかった。そこからは、徒歩で頂上（一三七七メートル）へ登った。天気は曇りがちだったが、長浜、木之本あたりの琵琶湖を見ることができた。琵琶湖の全貌は、伊吹山の山頂からでも把握できないことが分かった。同じコースを再びたどって伊吹山を下りると関ヶ原ＩＣから名神自動車道に入り、東名の大渋滞にあいながら東京に戻った。

伊吹山ドライブウェイのパンフレット

おわりに

ちょっとしたきっかけで書きはじめた懸賞作品も、ようやく終わりに近づいた。「おわりに」を書いている自分を想像したことも何度かあったが、実際にここまで来るのは想像以上に大変だった。

四〇〇字詰め原稿用紙で二五〇枚にも上る文章はこれまでに書いたことがなかったので、最初はどうすればいいか悩んだ。細かいパーツに分けて書こうと思って、六〇のテーマを考えることにした。とりあえず、テーマになりそうなものを六〇程度考えたが、実際に書き出してみると、うまくいかないものも少なくなかった。四月に書きはじめてから、六月までに書き終わったのは一〇〇枚ぐらいでしかなかった。九月末が締切であることを考えると、この段階で無謀な感じがした。

途中で止めようと思ったのは、一度や二度ではない。残り一五〇枚を三か月で書くとすると、一か月に五〇枚、一週間に一〇枚以上も書かなくてはいけない計算になる。平日は仕事でほとんど書く時間はないし、週末もそれなりにいろいろと用事があるので、今年の応募は無理なのではないかと思いはじめもした。思うように筆が進まないテーマもあり、こんなことをして意味があるのだろうかと途中で投げ出しそうになったこともある。

それでも続けられたのは、やはり書きたいという気持ちが強かったからだろう。これまでの勤務地でこのような想いに至ったことはなかったが、滋賀県で感じたことや考えたことをなんとか記録に残したかったのだ。私にとっては、いわば「琵琶湖大学」の卒業論文のようなものである。

本書を著すにおいて、『12歳から学ぶ　滋賀県の歴史』、『びわ湖検定公式問題解説集』、『続・びわ湖検定公式問題解説集』などの書籍からたくさんの引用をさせてもらっている。とくに、『びわ湖検定公式問題集』はとても参考になった。残念ながら、受験は不合格に終わったが、「びわ湖検定」に出合っていなければ、今回の作品を書くこともなかっただろう。

私は運命というものをあまり信じないほうだが、滋賀県では、運命的と言ってもいいような出会いをいくつか経験した。中江藤樹、元三大師、渡岸寺の十一面観音、いずれも偶然に出会ったとは思えない。これらの人々や仏像との出会いにより、私は大きな影響を受けた。今でも、中江藤樹の「五事を正す」の言葉や元三大師のおみくじ、そして渡岸寺の十一面観音の写真は私の身の周りにある。それらのものを見るたびに、これからも滋賀県のことを思い出すことになろう。

滋賀県で出会った方々にも大変お世話になった。そのうちの何人かの方には、作品のなかに登場していただいたが、それ以外にもお世話になった人はたくさんいる。仕事を通じて出会った方がほとんどであるが、さまざまなことを教えていただいた。それらの方々との出会いがなければ、滋賀県でこんなに楽しく暮らすことはできなかった。仕事で訪問したにもかかわらず、「なんだか、観音様の話ばかりだった」とあとで言われたこともあったが、まったくもって面目ない。

懸賞に応募したあと、本文でも触れた「近江学フォーラム」の湖上研修に参加した。環境対応船の「megumi」に乗って琵琶湖の四つの島を巡るというもので、転勤してからもずっと頭の中にくすぶり続けていた。琵琶湖では、ミシガンと雪見縦走船に乗れたが、megumiにはまだ乗ったことがなかったのだ。

湖上研修は二〇一〇年一〇月半ばの土曜日で、とても天気がよかった。最初は、唯一の有人島の「沖島」である。上陸はしないが、すぐ近くを通るので島の感じがよく分かった。南側の小さな頭山と北側の大きな尾山に分かれ、その間の平地に人家が集中している。そのまま沖島水道を過ぎて、次は「沖の白石」である。琵琶湖のほぼ中央にあり、島というよりも岩である。雪見縦走船でも見ることはできたが、今回はすぐ近くを一周した。見る方向によって、三つないし一つ見えることから

湖上研修のパンフレット

「お化け石」と言われる四つの岩をはっきりと見ることができた。

続く「多景島」でいよいよ上陸である。冬場以外は彦根から定期観光船が出ているとのことであったが、上陸できるとは知らなかった。石段を上ると小さなお寺があって、細かい石でデコボコした道をさらに進むと、「南無妙法蓮華経」と刻まれた石塔のそばまで行くことができた。そして、最後はやはり「竹生島」である。古くから聖なる島として知られ、参拝客が絶えない。私にとっては、二年前の八月以来二回目となるが、初めて来たときにかわらけを海に投げたことや息子をトイレに連れていったことまで思い出して苦笑いをしてしまった。

竹生島を出港すると、観光船では見られない島の反対側を回って今津へと向かった。ふとデッキに出てみたら、伊吹山が正面に見えた。今津港で下船したのは、大津港へ戻るよりも今津から湖西線で京都に行くほうが一時間ほど早いためだが、琵琶湖周航の歌資料館で来年のカレンダーを買いたいと考えてのことである。ほぼ一年ぶりに訪れたにもかかわらず、資料館の受付の方は私を覚えていてくれた。一年前にカレンダーをまとめ買いしたことが、よほど印象に残っていたのだろう。

東京に戻ってからも、事あるごとに滋賀県のことを考えてしまうという毎日を送っている私だが、最近、万城目学氏の『偉大なる、しゅららぼん』（集英社）を読んだ。竹生島でかわらけを投げるところなどは自らも体験したことゆえ、親近感をもって読み進むことができた。この本の主人公は、琵琶湖から授かった神秘的な力で問題を解決していくのだが、考えてみれば、私がうつ状態から立ち直ることができたのも、琵琶湖から活力をもらったおかげかもしれない。

　そんな自らの体験をもとにして、「たねや近江文庫ふるさと賞」に応募したわけであるが、最優秀賞に入賞したということを知ったときは本当にびっくりした。九月末に応募したあと、やはり気になるので、年が改まってから「たねや」のホームページをときどき見ていたというのが正直なところだが、二〇一一年三月に「受賞作品決定」のニュースが発表されたときはまさに半信半疑といった感じで、俄かには信じることができなかった。後日、「たねや近江文庫」から入賞の通知が届いて、やっと実感が湧いた次第である。


　発表から一年三か月、その作品がこうして本になりましたこと、改めて関係各位のみなさんに御礼を申し上げます。編集作業などにおいてお世話になった「たねや近江文庫」のスタッフのみなさん、貴重なアドバイスをいただきました株式会社新評論の武市一幸さん、本当にありがとうございました。そして、本書においてお名前を挙げさせていただいた方々をはじめとして、単身赴任中にお世話になりました近江のみなさん、あなた方の励ましがあったからこそ本書ができあがったものと思っております。琵琶湖へとともに、重ねて最大限の謝辞を述べさせていただきます。

　最後は、何と言っても、やはり家族に感謝したいと思います。初めての単身赴任で家内は相当苦労したと思いますが、神社仏閣めぐりをしながら前向きに取り組んでくれました。この作品を書きはじめたときも、「また、変なことをはじめた」と思っていたようですが、みんな温かく見守ってくれました。子どもたちも、私が単身赴任している間にはいろいろと我慢があったことと思います。今回の作品を書いている私を見て、小学生の息子は締め切りに間にあうのかと心配までしてくれました。やはり、家族はかけがいのないものです。みんな、ありがとう！

二〇一二年　四月

児玉征志

参考文献一覧

・五木寛之『蓮如——聖俗具有の人間像』岩波新書、一九九四年。
・井上靖『星と祭』（上・下巻）角川文庫、一九七五年。
・蝦名賢造『日本橋の近江商人』新評論、二〇〇一年。
・加地伸行『論語』（ビギナーズ・クラシックス中国の古典）角川ソフィア文庫、二〇〇四年。
・木村至宏『琵琶湖の由来——その呼称の由来』（淡海文庫）サンライズ出版、二〇〇一年。
・木村至宏『近江の道標　歴史街道の証人』京都新聞出版センター、二〇〇〇年。
・小坂育子『台所を川は流れる』新評論、二〇一〇年。
・斎藤茂吉『万葉秀歌』（上・下巻）岩波新書、ともに一九六八年（改版）。
・坂口由美子解説・角川書店編『万葉集』（ビギナーズ・クラシックス日本の古典）角川ソフィア文庫、二〇〇一年。
・ＪＴＢパブリッシング関西編集部編『大人の遠足ＢＯＯＫ　西国三十三カ所ウォーキング』ＪＴＢパブリッシング、二〇〇七年。
・滋賀県中学校教育研究会社会科部会編『12歳から学ぶ　滋賀県の歴史』サンライズ出版、二〇〇五年。

・末永國紀『近江商人学入門――ＣＳＲの源流「三方よし」』（淡海文庫）サンライズ出版、二〇〇四年。
・びわこ検定実行員会編『びわこ検定　公式問題解説集』サンライズ出版、二〇〇八年。
・びわこ検定実行員会編『続・びわこ検定　公式問題解説集』サンライズ出版、二〇〇九年。
・松下亀太郎『物語　中江藤樹』（財）藤樹書院、一九八一年。
・森健司『中小企業にしかできない　持続可能型社会の　企業経営』サンライズ出版、二〇〇八年。
・森川稔責任編集『地域再生――滋賀の挑戦』新評論、二〇一一年。
・「近江湖物語三　王の湖・武士の湖」滋賀県教育委員会事務局文化財保護課・（財）滋賀県文化財保護協会、二〇〇九年。
・「慈恵大師一〇二五年御遠忌記念企画展　元三大師良源―比叡山中興の祖―」大津市歴史博物館、二〇一〇年。
・「なるほど滋賀」滋賀県広報課、二〇一〇年。

「シリーズ近江文庫」刊行のことば

美しいふるさと近江を、さらに深く美しく

海かともまがう巨きな湖。周囲230キロメートル余りに及ぶこの神秘の大湖をほぼ中央にすえ、比叡比良、伊吹の山並み、そして鈴鹿の嶺々がぐるりと周囲を取り囲む特異な地形に抱かれながら近江の国は息づいてきました。そして、このような地形が齎したものなのか、近江は古代よりこの地ならではの独特の風土や歴史、文化が育まれてきました。

明るい蒲生野の台地に遊猟しつつ歌を詠んだ大津京の諸王や群臣たち。束の間、古代最大の内乱といわれる壬申の乱で灰燼と化した近江京。そして、夕映えの湖面に影を落とす廃墟に万葉歌人たちが美しくも荘重な鎮魂歌（レクイエム）を捧げました。

源平の武者が近江の街道にあふれ、山野を駈け巡り蹂躙の限りをつくした戦国武将たちの国盗り合戦の横暴のなかで近江の民衆は粘り強く耐え忍び、生活と我がふるさとを幾世紀にもわたって守ってきました。全国でも稀に見る村落共同体の充実こそが近江の風土や歴史を物語るものであり、近世以降の近江商人の活躍もまた、このような共同体のあり様が大きく影響しているものと思われます。

近江の自然環境は、琵琶湖の水環境と密接な関係を保ちながら、そこに住まいする人々の暮らしとともに長い歴史的時間の流れのなかで創られてきました。美しい里山の生活風景もまた、近江を特徴づけるものと言えます。

いささか大胆で果敢なる試みではありますが、「ＮＰＯ法人　たねや近江文庫」は、このような近江という限られた地域に様々な分野からアプローチを試み、さらに深く追究していくことで現代的意義が発見できるのではないかと考え、広く江湖に提案・提言の機会を設け、親しき近江の語り部としての役割を果たすべく「シリーズ近江文庫」を刊行することにしました。なお、シリーズの表紙を飾る写真は、本シリーズの刊行趣旨にご賛同いただいた滋賀県の写真家である今森光彦氏の作品を毎回掲載させていただくことになりました。この場をお借りして御礼申し上げます。

2007年６月

ＮＰＯ法人　たねや近江文庫

理事長　山本徳次

著者紹介

児玉征志（こだま・せいじ）
1959年、広島県生まれ。
1983年４月、中小企業金融公庫入庫。
2008年８月、大津支店支店長。
2008年10月、日本政策金融公庫設立に伴い、
大津支店中小企業事業統轄。
2010年４月、中小企業事業本部審査第二室長（東京支店駐在）。
2012年４月、北関東信越地区債権業務室長。
東京都在住。

《シリーズ近江文庫》
「びわ湖検定」でよみがえる
——滋賀県っておもしろい——
（検印廃止）

2012年６月25日　初版第１刷発行

著　者　児　玉　征　志
発行者　武　市　一　幸

発行所　株式会社　新　評　論

〒169-0051　東京都新宿区西早稲田３-16-28
電話　03(3202)７３９１
振替・00160-1-113487

落丁・乱丁はお取り替えします。
定価はカバーに表示してあります。
http://www.shinhyoron.co.jp

印刷　フォレスト
製本　中永製本所
装幀　山田英春

Printed in Japan
ISBN978-4-7948-0905-6

新評論 《シリーズ近江文庫》好評既刊

近江の歴史・自然・風土・文化・暮らしの豊かさと深さを、
現代の近江の語り部たちがつづる注目のシリーズ！

筒井正夫

近江骨董紀行

城下町彦根から中山道・琵琶湖へ

隠れた名所に珠玉の宝を探りあて、近江文化の真髄を味わい尽くす旅。
[四六並製 324頁 2625円 ISBN978-4-7948-0740-3]

山田のこ ★ 第１回「たねや近江文庫ふるさと賞」最優秀賞受賞作品

琵琶湖をめぐるスニーカー

お気楽ウォーカーのひとりごと

総距離 220キロ、豊かな自然と文化を満喫する旅を綴る清冽なエッセイ。
[四六並製 230頁 1890円 ISBN978-4-7948-0797-7]

滋賀の名木を訪ねる会 編著 ★ 嘉田由紀子県知事すいせん

滋賀の巨木めぐり

歴史の生き証人を訪ねて

近江の地で生き抜いてきた巨木・名木の生態、歴史、保護方法を詳説。
[四六並製 272頁 2310円 ISBN978-4-7948-0816-5]

水野馨生里（特別協力：長岡野亜＆地域プロデューサーズ「ひょうたんから KO-MA」）

ほんがら松明復活

近江八幡市島町・自立した農村集落への実践

古来の行事復活をきっかけに始まった、世代を超えた地域づくりの記録。
[四六並製 272頁 2310円 ISBN978-4-7948-0829-5]

＊表示価格はすべて消費税（5%）込みの定価です。

新評論 《シリーズ近江文庫》好評既刊

小坂育子(巻頭言:嘉田由紀子・加藤登紀子)

台所を川は流れる

地下水脈の上に立つ針江集落

豊かな水場を軸に形成された地域コミュニティと「カバタ文化」の全貌。
[四六並製 262頁 2310円 ISBN978-4-7948-0843-1]

スケッチ：國松巖太郎／文：北脇八千代

足のむくまま

近江再発見

味わい深いスケッチと紀行文で近江文化の息吹を伝える魅惑の画文集。
[四六並製 296頁 2310円 ISBN978-4-7948-0869-1]

中島経夫・うおの会 編著

「魚つかみ」を楽しむ

魚と人の新しいかかわり方

身近な水場での探検と調査を軸にした市民環境保全活動の実践記録。
[四六並製 238頁＋口絵8頁 2100円 ISBN978-4-7948-0880-6]

冨増純一

紋左衛門行状記

酒と相撲とやきもの作りの放浪人生

信楽に生まれた陶工・奥田信斎の破天荒な一生を描く異色の人物伝。
[四六並製 236頁＋口絵8頁 2100円 ISBN978-4-7948-0886-8]

＊表示価格はすべて消費税（5%）込みの定価です。